期权交易仓位管理高级指南

POSITIONAL
OPTION
TRADING

An Advanced Guide

[美] 尤安 · 辛克莱 著　陈炜 等译
（Euan Sinclair）

机械工业出版社
CHINA MACHINE PRESS

图书在版编目（CIP）数据

期权交易仓位管理高级指南/（美）尤安·辛克莱（Euan Sinclair）著；陈炜
等译.—北京：机械工业出版社，2023.3
书名原文：Positional Option Trading: An Advanced Guide
ISBN 978-7-111-72619-7

I.①期… II.①尤… ②陈… III.①期权交易－指南 IV.①F830.91-62

中国国家版本馆CIP数据核字（2023）第102290号

北京市版权局著作权合同登记 图字：01-2022-2561号。

Euan Sinclair. Positional Option Trading: An Advanced Guide.

ISBN 978-1-119-58351-6

Copyright © 2020 by Euan Sinclair/John Wiley & Sons, Inc.

期权交易仓位管理高级指南

出版发行：机械工业出版社（北京市西城区百万庄大街22号 邮政编码：100037）

策划编辑：王 颖　　　　　　　　　　　责任编辑：王 颖

责任校对：薄萌钰　陈 越　　　　　　　责任印制：李 昂

印　　刷：河北宝昌佳彩印刷有限公司

版　　次：2023年7月第1版第1次印刷

开　　本：170mm×230mm 1/16　　　　印　　张：16.25

书　　号：ISBN 978-7-111-72619-7　　　定　　价：79.00元

客服电话：（010）88361066　68326294

序 言

你一无所知，琼恩·雪诺。

——耶哥蕊特[⊖]

他不是唯一一个无知的人。

我们不在一个重视理性的时代。在经济学中，边际税率的降低可以弥补自身不足的观点仍然是先进的，尽管所有证据都表明事实并非如此。

40% 的美国人不相信进化论，45% 的美国人信奉神灵，这些信仰并非基于任何证据，而是另一种哲学的体现，无论是经济、宗教还是社会哲学。这些观点通常更多地揭示了人们所期望的事实，而不是他们所知的事实，况且很多人对事实知之甚少。证据被认为是无关紧要的，那些呼声最高且拥有最佳媒体技巧的人胜出。

观点与事实同样有效的想法也会影响交易与投资，许多投资者所依赖的方法要么未经验证，要么甚至已被验证是无效的。他们中很少一部分坚持记录的人会看到自己的失败，但由于认知失调，他们会继续相信那些关于市场表现的理论。有人认为亏损会促使人们反思，但是亏损者的顽固可真不一般，而且即使有人放弃或被迫退出，总会有新的资金和参与者取而代之。

科学的方法是了解任何事情的唯一途径。这是一个反复通过证据修正理论的过程。如果没有证据，我们就只是停留在观点层面。我在本书中介绍的大部分内容都有证据支持，也有一些是观点。我对此的解释是，经验也是一件真实存在的事情。但是我和其他人一样，甚至有时更容易自欺欺人，所以请不要完全相信这些观点。

从根本上讲，交易是管理无知的一种做法。我们判断一种情况能否带来好机会的能力总是基于简化的世界观，并且我们无法知道这种简化的效果。我们的定价模式也会受到类似影响，这将是一种简化并且可能是非常不现实的简化。最后，模型所需的参数会有估计误差，而我们通常不知道这些误差有多大。

如果你坚持用绝对的思维去思考，就不可能理解这个世界。世界不是非黑即白的，一切事物都有灰色地带。如果你不同意这点，你将不会从本书收获很多。

对于"风险"来说，这一点尤为明显。每个人都有不同的风险承受能力，无论是个人的还是由管理层或投资者强加的。但更重要的是，风险是多维的。在生活中的某些方面，我们会认同这个观点。想象一下，你可以选择去哥斯达黎加或巴黎度假，这两个地方都不错，任何人都可以合理地选择其中一个。但是巴黎没有海滩，哥斯达黎加没有蓬皮杜中心，在这种情况下不存在"正确"的选择。大多数投资决策也是如此。

我所写的许多观点经过推演后可能会达到很可笑的程度。但如果你这样做了，不要责怪我，也不要把得出的结论归功于我。

以下是一些经常被歪曲的事实，排序不分先后：

- ▶ 通常会有方差溢价，这并不意味着总会有方差溢价。
- ▶ 通常会有方差溢价，这并不意味着你应该总是做空波动率。
- ▶ 做空波动率可能会有风险，这并不意味着做空波动率肯定有无限的风险。
- ▶ 一些理论［例如广义自回归条件异方差（GARCH）模型、布莱克 – 斯科尔斯 – 默顿（Black-Scholes-Merton，BSM）模型、有效市场假说（EMH）、收益率正态分布］有局限性，这并不意味着这些理论是愚蠢的或无用的。
- ▶ 凯利准则（Kelly Criterion）使预期增长率最大化，这并不意味着应始终根据该准则进行投资。

如果我写的内容不清楚或不正确，那是我的问题，但是如果你选择误解以上事实，那就是你的问题了。

交易过程

我并没有试图写一本全面的期权交易书。我没有介绍各类期权的定义和规则，没有覆盖衍生的期权定价模型。我期待读者已了解常见的期权结构，如跨式、价差、宽跨式，许多书都涵盖了这些主题。本书第1章简要总结了波动率交易理论，但本书不是一本适合初学者的书。

本书适合有经验的交易员，他们希望通过在策略和投资组合中应用期权来获取优势，但又不愿意或者不能够进行高频率、低成本的动态对冲。同样，关于期权交易仓位管理的书很多，但从理论上讲几乎都不够严谨，而且大多数书都忽略了交易中最重要的部分：掌握优势。

在任何领域，专业人士与业余人士的区别之一是专业人士使用一致的流程。交易应该是这样的流程：找到具有优势的情形，构建一笔交易，然后控制风险。本书记录了这些步骤。

本书第 2～5 章探讨了如何找到预期收益为正的交易。

在第 2 章中，我们研究了有效市场假说，并证明该假说为发现有利可图的策略留下了很大的空间。这使我们可以将这些"异常"归类为无效性或风险溢价。接着，我们简要回顾了行为心理学是如何帮助我们的，以及它的局限性。我们检验了两种寻找优势的常用方法：技术分析和基本面分析。

第 3 章探讨了预测的一般性问题。不管他们怎么说，每个成功的交易员都会进行预测。这种预测可能不是预测一个特定点位，但概率预测也是预测。我们介绍了预测方法的分类，预测要么基于模型（依赖于普遍适用的模型），要么基于情境（利用特定事件中发生的情况）。在非常简要地介绍了使用时间序列模型预测波动率后，我们进入了重点：发现具有优势的特定情况。

期权交易员需要知道的最重要的经验事实是：隐含波动率通常被高估。这种现象被称为方差溢价（或波动溢价）。第 4 章总结了指数、股票、商品、波动率指数和债券的方差溢价。我们还介绍了其存在的原因。

在确定了方差溢价的首要性之后，第 5 章给出了 11 种可以获利的具体现象，总结了观察结果，给出了相应的证据和原因，并提出了对应的交易结构。

第 6～8 章研究了一些期权结构的分布特征，利用这些特征可以将我们发现的优势转化为收益。我们需要清楚我们期望的是什么。我们很可能在波动率预测正确的情况下依然亏损。当我们进行对冲时，会面临对标的资产的路径依赖，这关乎如果我们持有 Gamma 时股票价格是否朝行权价格移动，或者当我们什么都没有时股票价格是否远离行权价格。如果不进行对冲，我们只会受到最终股价的影响，但我们仍然可以准确预测波动率并因为意想不到的漂移而亏损，或者准确预测收益率并因为意想不到的波动率而亏损。

第 6 章讨论了波动率交易结构。我们研究了跨式、宽跨式、蝶式和鹰式策略的损益分布，以及如何选择行权价和到期日。

在第 7 章中，我们研究了方向性期权交易。首先，我们扩展了 BSM 模型，使其可以融合我们对标的证券的波动率和收益的观点。这使我们在一系列风险度量（包括平均收益率、获利概率和广义夏普比率）的基础上持续比较行权价格。第 8 章研究了常见的期权方向性策略结构的损益分布。

第 9 ～ 10 章与风险相关。仅有好的风控并不能赚钱，交易首先需要优势。但是，不好的风控将导致损失。

第 9 章讨论了交易规模，特别是凯利准则。凯利准则的标准公式扩展至接受参数估计的不确定性和收益率偏度，并在账户中加入止损水平。

最大的风险与价格变动无关，而在于未知的领域。显然，这是无法预测的，但是第 10 章探讨了一些历史案例，我们不知道类似情况何时会再次发生，但可以肯定的是它们一定会发生。没有理由因历史事件的重演而生气。

犯错是在所难免的，但最危险的是忘记曾犯下的错误。

要点

▶ 找到可靠的优势来源，并获得经验证据和令人信服的理由的支持。

▶ 选择适当的期权策略结构变现优势。

▶ 保持适当的头寸。

▶ 时刻谨记自己不知道的事情还有很多。

目 录

序 言

第1章　期权概要 ……………………………………………………………… 1

期权定价模型 ……………………………………………………………… 1

期权交易理论 ……………………………………………………………… 4

本章小结 …………………………………………………………………… 11

本章要点 …………………………………………………………………… 11

第2章　有效市场假说及其局限性 ……………………………………… 12

有效市场假说 ……………………………………………………………… 12

编外语：Alpha衰减 ……………………………………………………… 16

行为金融 …………………………………………………………………… 18

高级方法：技术分析和基本面分析 …………………………………… 24

本章小结 …………………………………………………………………… 31

本章要点 …………………………………………………………………… 31

第3章　波动率预测 ·· 33

模型驱动预测与情境预测 ·· 34

GARCH模型族与交易 ··· 38

隐含波动率作为预测指标 ·· 41

预测集合 ·· 41

本章小结 ·· 43

本章要点 ·· 44

第4章　方差溢价 ·· 45

编外语：隐含方差溢价 ·· 46

股票指数的方差溢价 ·· 48

隐含偏度溢价 ·· 53

隐含相关性溢价 ·· 54

方差溢价的成因 ·· 59

比索问题的问题 ·· 63

本章小结 ·· 64

本章要点 ·· 64

第5章　寻找具有正期望价值的交易 ···························· 65

编外语：拥挤效应 ··· 65

交易策略 ·· 70

期权和基础因子 ·· 71

盈余公告后价格漂移 ·· 78

二级信心水平 ·· 81

隔夜效应 ·· 85

美国联邦公开市场委员会和波动率 ······················· 86

周末效应 ·· 88

波动率风险溢价的波动性 ··································· 89

一级信心水平 ·· 91

盈利导致的逆转 ·· 92

盈余公告前价格漂移 ·· 93

本章小结 ·· 95

本章要点 ·· 95

第6章 波动率持仓 ··· 96

编外语：调整和"恢复"持仓 ······························ 97

跨式和宽跨式 ·· 97

编外语：经Delta对冲的持仓 ······························ 105

蝶式和鹰式期权组合 ·· 108

编外语：断翅蝶式和鹰式期权组合 ····················· 112

日历价差 ·· 113

考虑隐含波动率偏斜 ·· 116

行权价格选择 ·· 118

选择对冲的行权价格 ·· 122

期限选择 ·· 125

本章小结 ·· 126

本章要点 ·· 127

第7章 方向性期权交易 ··· 128

主观期权定价 ··· 128

主观期权定价理论 ··· 130

期权收益分布：主要统计量 ··· 134

行权价选择 ··· 137

基本考虑因素 ··· 141

本章小结 ··· 142

本章要点 ··· 142

第8章 期权方向性交易策略选择 ································· 143

买入股票 ··· 143

买入认购期权 ··· 145

买入认购价差 ··· 146

卖出认沽期权 ··· 147

备兑期权 ··· 149

备兑期权收益的组成 ··· 151

备兑期权以及基本面 ··· 153

卖出认沽价差 ··· 154

风险逆转策略 ··· 156

编外语：风险逆转作为一种偏度交易 ································· 158

比率价差 ··· 160

本章小结 ··· 163

本章要点 ··· 164

第9章 交易规模 ⋯⋯⋯⋯⋯⋯⋯⋯⋯⋯⋯⋯⋯ 165

凯利准则 ⋯⋯⋯⋯⋯⋯⋯⋯⋯⋯⋯⋯⋯⋯⋯ 165

非正态离散结果 ⋯⋯⋯⋯⋯⋯⋯⋯⋯⋯⋯⋯ 167

非正态连续结果 ⋯⋯⋯⋯⋯⋯⋯⋯⋯⋯⋯⋯ 170

不确定参数 ⋯⋯⋯⋯⋯⋯⋯⋯⋯⋯⋯⋯⋯⋯ 174

凯利和回撤控制 ⋯⋯⋯⋯⋯⋯⋯⋯⋯⋯⋯⋯ 180

止损的效果 ⋯⋯⋯⋯⋯⋯⋯⋯⋯⋯⋯⋯⋯⋯ 183

止损线的设置 ⋯⋯⋯⋯⋯⋯⋯⋯⋯⋯⋯⋯⋯ 189

将止损纳入凯利准则 ⋯⋯⋯⋯⋯⋯⋯⋯⋯⋯ 190

本章小结 ⋯⋯⋯⋯⋯⋯⋯⋯⋯⋯⋯⋯⋯⋯⋯ 193

本章要点 ⋯⋯⋯⋯⋯⋯⋯⋯⋯⋯⋯⋯⋯⋯⋯ 194

第10章 元风险 ⋯⋯⋯⋯⋯⋯⋯⋯⋯⋯⋯⋯⋯⋯ 195

货币风险 ⋯⋯⋯⋯⋯⋯⋯⋯⋯⋯⋯⋯⋯⋯⋯ 195

盗窃和欺诈 ⋯⋯⋯⋯⋯⋯⋯⋯⋯⋯⋯⋯⋯⋯ 197

案例一：巴林银行 ⋯⋯⋯⋯⋯⋯⋯⋯⋯⋯⋯ 199

案例二：滨中安云（"铜先生"）⋯⋯⋯⋯⋯⋯ 200

案例三：伯纳德·麦道夫 ⋯⋯⋯⋯⋯⋯⋯⋯⋯ 201

指数重构 ⋯⋯⋯⋯⋯⋯⋯⋯⋯⋯⋯⋯⋯⋯⋯ 203

套利交易对手方风险 ⋯⋯⋯⋯⋯⋯⋯⋯⋯⋯ 204

本章小结 ⋯⋯⋯⋯⋯⋯⋯⋯⋯⋯⋯⋯⋯⋯⋯ 205

本章要点 ⋯⋯⋯⋯⋯⋯⋯⋯⋯⋯⋯⋯⋯⋯⋯ 205

结论 ·· 206

附录 ·· 209

    附录A 交易者对BSM假设的调整 ······················ 209

    附录B 统计经验法则 ···································· 220

    附录C 交易执行 ·· 224

参考文献 ··· 233

译者后记 ··· 244

第 1 章

期权概要

期权定价模型

> 所有模型都是错误的，科学家要关心什么是重要的错误。
>
> 当外面有老虎时，担忧老鼠就不合适了。

——乔治·博克斯[⊖]

有些模型存在微小错误。它们显然与真实的金融市场不符。举个例子，将标的收益作为价格变量输入的期权定价模型就是微小错误。这点可以从认沽认购平价关系（put-call parity）中推导出来。想象一个收益率为正的股票，它自然提高了认购期权价值，降低了认沽期权价值。但是认沽认购平价关系意味着如果认购期权价值提高，那么认沽期权价值也会提高。因此，模型中包含股票价格的变动就会导致矛盾。这就是模型中的微小错误。

每个科学模型都包含简化假设，实际上简化假设没有本质错误。科学模型有很多种形式，很多因素导致科学家使用他们明知错误的简化模型。

使用错误理论的原因之一是简单的理论（即便错误）正是所需的一切。我们知道经典力学是有错误的（微观宇宙需要用量子力学，高速运

⊖ 乔治·博克斯（George E.P. Box，1919—2013），著名统计学家。——译者注

动和极大质量物体需要用相对论），但是并不妨碍这一理论被广泛使用。金融中的典型例子是收益率正态分布假设。很少有人会认为真实的收益率就是正态分布。交易员们早就了解极端的价格变动，此外，Osborne、Mandelbrot 等人从 20 世纪 50 年代就开始研究收益率的非正态分布（Mandelbrot 引用了 Mitchell、Olivier、Mills 的研究，虽然这些研究都不太有名）。早期的金融学家假设收益率正态分布的主要原因是让方程变得易于处理。

有时科学家通过延伸类比来进行推理。比如，爱因斯坦首先通过假设晶体是一种理想的气体来开始他对晶体的热能研究。他当然知道事实并非如此，但是他认为这种思路可以带来一些有用的结论。他必须得先从一个地方开始着手，哪怕可能是错误的。这类模型是比喻性的。比喻性的模型并不试图刻画现实，也不需要依赖可信的假设。比喻性模型的目标是解释模型之外的重要机制。

一些模型旨在用数学方法刻画典型特征，但并不需要理解更深层次的起源。波动率的 GARCH 模型是描述现象的，并没有告诉我们为什么 GARCH 效应存在。这类模型被用来描述特定的特征，因此会忽略别的一些方面。比如 GARCH 模型对买卖价差的形成没有任何解释。GARCH 模型是有局限性的，但并不是错误的。

最宏大的模型试图刻画真实的现实。例如，物理学家认为真实的原子就是由原子核和围绕它的电子构成。但是他们仍然需要简化假设。比如，他们需要假设原子不受重力影响，同时方程只有在容许微小错误的情形下才有解。期权的 BSM 模型就属于这一类型。

但是 BSM 模型根本不是这么用的。

模型发明者设想模型是用来找到期权公允价值的。交易员输入标的资产的价格、行权价、利率、到期日和波动率，模型会告诉他们期权的价值。问题是波动率必须是期权整个存续期间的波动率，一个未知参数。尽管让交易员预测期权的未来波动率是可能的，但是市场的其他参与者也会有自己的预测。期权的市场价格是基于所有人的预测。这就是期权的隐含波动率，一个基础参数。交易员一般不认为 BSM 模型可以预测价值，而只当它是一种无套利模型，可以将快速变换的期权价格转换为隐含波动率这一慢变量。对大多数交易员来说，BSM 不是预测模型，而是简化工具。

这并不是说 BSM 不能作为模型来获得期权公允价值，它当然可以，但是事实上期权交易员们都用波动率方式来思考。他们会比较隐含波动率和他们预测的波动率，而不是用预测的波动率来给期权定价，然后再和市场价格比较。通过反向使用 BSM 模型，这些交易员从把期权价格变成慢变量中受益。

我们需要根据模型使用情况来评估模型假设的影响。尽管假设使得模型没那么接近现实，但这并不重要。模型不是因为接近现实而被使用，而是因为有用而被使用。

当然，我们可以在没有任何定价模型的情况下交易期权。这是大部分从事方向性交易的期权交易员的做法。我们也可以在没有模型的情况下交易波动率。交易员可能会卖出跨式期权，因为他们判断期权到期时，标的资产价格将更靠近构建跨式的期权行权价格。然而，除方向性交易或推测到期日价格的交易外，如果开展其他交易，我们就需要一个模型。

BSM 模型仍然是期权定价模型的基准。BSM 模型从 1973 年开始被使用，其先驱可以追溯到 Bachelier 和 Bronzin。在科学理论上，这个年份让它如同恐龙一样古老。正如恐龙在长达 1.6 亿年的时间里都是主宰地球的物种一样，BSM 模型也因其优越性而长存。

我们需要期权定价模型，主要基于两方面原因。

第一个原因是我们可以将众多快速变化的期权价格转变为慢变量。期权定价模型不是真的给期权"定价"。市场通过供需这种常规市场力量来给期权定价。定价模型将期权价格转变为参数。具体来说，BSM 模型将期权价格转换为隐含波动率这一参数。现在我们可以在隐含波动率层面做所有的分析和预测。如果 BSM 是完美的模型，我们可以得到一个常量参数。

第二个原因是期权定价模型可以计算需要对冲的 Delta。无模型的波动率交易是存在的。跨式交易（或者宽跨式、蝶式、鹰式等）都让头寸主要暴露在已实现波动率中，但也暴露在价格漂移中。交易波动率最具说服力的理由是波动率比价格（漂移）更容易预测，消除价格风险敞口的唯一方式就是对冲。我们需要 Delta 来进行对冲，而 Delta 的获得需要模型。期权交易员判断什么是好模型时，Delta 是最重要的考量标准。任何稍微有点价值的模型都会将众多期权价格归至少量的参数，但是一个好模型可以让我们通过 Delta 对冲，获取波动率溢价。

在本章中，我们会探讨 BSM 模型并研究其是否符合上述标准。我这里指的 BSM 模型是偏微分方程而不是欧式标准期权的特定解法。特定的边界条件和解决方案不是此处的考虑重点。

很多地方都能看到 BSM 的推导，这里我们主要探讨模型的使用。

期权交易理论

这里我们将简单总结期权定价和对冲的理论。更多的细节请参见我的另一本书《波动率交易：期权量化交易员指南》。

期权定价模型应包括以下变量和参数：

▶ 标的资产价格和行权价格，这决定了期权的内在价值。

▶ 期权期限。

▶ 任何与持有期权或者标的资产有关的因素，包括股息、借贷利率、持仓成本和利率。

▶ 波动率或者其他能够量化未来不确定性的指标。

一个不必要的变量是标的资产预期收益。显然，标的资产收益对于期权收益是重要的，但是它和期权即时价值无关。如果包含了这一漂移项，将会形成矛盾。假设预期标的资产价格将会上涨，意味着认购期权价值将会更高。但是认沽认购平价关系意味着，认购期权价格的上涨会导致相同行权价格的认沽期权价值也会上涨。类似情形也适用于熊市。认沽认购平价关系足以说明标的收益与当前期权价格无关，但是（也许没那么明显）这种无关也可能是动态复制导致的。

这并不是期权独有的异常情形。在很多情形下，人们认同未来的价格变化，但却不影响当前的价格。例如，法拉利会认为其汽车的长期价值是高于厂商建议零售价（MSRP）的。但是它现在就可以造车然后靠卖车来获利。作为厂商，它靠复制价值就保证获利，而不必考虑未来价格变动。同理，做市商也可以不考虑标的资产收益来复制期权价格。如果它们考虑了标的资产收益，它们还可能被其他人套利。

经典的期权定价模型是 BSM 模型。为了简化，忽略利率，认购期权价格 C 的 BSM 偏微分方程是

$$\frac{\sigma^2 S^2}{2}\frac{\partial^2 C}{\partial S^2}+\frac{\partial C}{\partial t}=0 \tag{1-1}$$

其中 S 是标的资产价格，σ 是标的资产波动率，t 是期权到期前的时间。

或者使用标准定义，Γ 是期权价格对标的资产价格的二阶偏导，θ 是期权价格对时间的导数。

$$\frac{\sigma^2 S^2}{2}\Gamma+\theta=0 \tag{1-2}$$

在特定期权的损益条件下，就可以用标准的数值或者分析方法求解。

Γ 和 θ 的关系对于理解如何利用期权获利至关重要。假设我们买入认购期权，标的股票价格从 S_t 变到 S_{t+1}。Delta 损益就是期初 Delta（Δ）和期末 Delta 的平均值乘以标的资产的价格变化。

$$P/L=\left\{\frac{\Delta}{2}+\frac{[\Delta+\Gamma(S_{t+1}-S_t)]}{2}\right\}(S_{t+1}-S_t) \tag{1-3}$$

如果期权期初是 Delta 中性的，则损益是

$$P/L=\frac{\Gamma(S_{t+1}-S_t)^2}{2} \tag{1-4}$$

注意到

$$(S_{t+1}-S_t)^2\simeq\sigma^2 S_t^2 \tag{1-5}$$

因此，在每个时间区间内的对冲收益为

$$P/L=\frac{\Gamma\sigma^2 S_t^2}{2} \tag{1-6}$$

尽管式（1-6）的等式只是渐近正确的，但如果我们使用价格变化的

极小值，那么推导就是精确的。

这是 BSM 微分方程的第一个形式。BSM 认为由于 Gamma 产生的再平衡收益等同于期权的 Theta，即预期的（价格）变动抵消了时间损耗。方向中性的期权头寸只有当期权（支配 Theta 的）隐含波动率与（决定再平衡收益的）标的资产已实现波动率不同时，才能获利。不管期权结构和对冲机制如何，这都是适用的。

如果我们可以识别波动率不一致的情形，那么期权头寸的预期收益将是

$$P/L = \text{Vega} \, |\sigma_{\text{隐含}} - \sigma_{\text{已实现}}| \tag{1-7}$$

这是期权交易的基本方程。所有的"时间衰减"和"Gamma 交易"（Gamma scalping）的损益都在这个关系式中呈现。

还要注意的是 Vega 损益会影响到期权的方向性交易。如果我们为期权支付错误的隐含波动率，我们可能仍会获利，但还不如通过标的资产复制期权。

BSM 模型依赖于一系列金融和数学假设：

- ▶ 标的资产是可交易的。
- ▶ 存在单一的无风险利率。
- ▶ 标的资产可以卖空。
- ▶ 卖空收益可以按无风险利率再投资。
- ▶ 所有现金流按照相同税率征税。
- ▶ 标的资产收益是连续的，并且按固定波动率形成正态分布。

交易员设计了非常多的变通方案来处理这些限制性假设（参见附录 A），

其中最重要的是隐含波动率曲面的概念。如果 BSM 模型是精确的描述性理论，那么标的资产所有期权的波动率都相同。事实并非如此。对于通过重复反推期权市场价格的 BSM 模型而言，不同行权价格的期权有不同的隐含波动率（即波动率微笑），不同期限的期权也有不同的隐含波动率（即波动率期限结构）。这些隐含波动率构成了隐含波动率曲面（示例见图 1-1）。

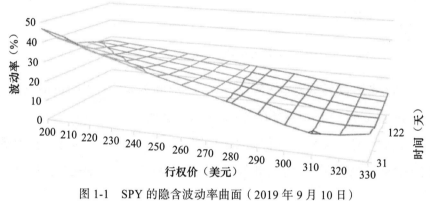

图 1-1　SPY 的隐含波动率曲面（2019 年 9 月 10 日）

隐含波动率曲面存在的部分原因是 BSM 模型在数学意义上有误。标的资产收益并不连续，也没有按照固定波动率正态分布。然而，即使是可以完美捕捉标的资产动态变化的模型，也需要隐含波动率曲面这一容差系数。另外，隐含波动率曲面存在的部分原因和标的资产无关。不同的期权有不同的供求关系，这将让期权价格有所失真。正因如此，就同一标的而言，卖出较高波动率的期权通常会带来收益（详见第 4 章的隐含偏度溢价）。

式（1-7）给出了对冲后期权头寸的平均损益，但是损益的分布很广。对冲的次数越多，分散度越小。图 1-2 展示了无再对冲的一年期平值卖出跨式损益分布，图 1-3 展示了每日对冲的一年期平值卖出跨式损益分布。标的资产变化路径通过 10 000 次几何布朗运动（GBM）实现。隐含波动率和已实现波动率相同，因此我们预期损益为零。

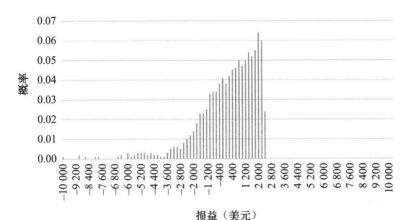

图 1-2　无再对冲的一年期平值卖出跨式损益分布

注：股价为 100 美元，利率为 0，已实现波动率和隐含波动率都为 30%。

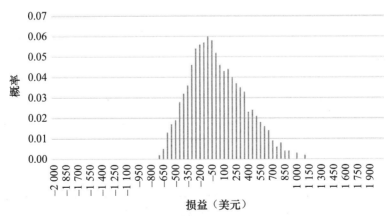

图 1-3　每日对冲的一年期平值卖出跨式损益分布

注：股价为 100 美元，利率为 0，已实现波动率和隐含波动率均为 30%。

图 1-4 展示了损益分布的标准差与对冲次数的关系。

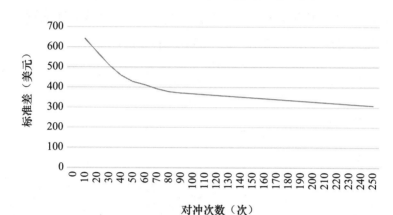

图 1-4   一年期平值卖出跨式最终损益分布的标准差与对冲次数的关系

注：股价为 100 美元，利率为 0，已实现波动率和隐含波动率都为 30%。

由于对冲有损耗，因此需要以较低频率进行对冲，并接受更大范围的损益分布标准差。所有对冲都会产生交易成本（佣金、交易费和设备费用）。这些成本在投资组合中很容易被忽略。单次交易成本微小，但是成本会累积。为了强调这一点，表 1-1 对比了每日对冲需要成本的卖出跨式（每股交易成本 0.1 美元）和对冲无需成本的卖出跨式统计数据。两种情形的区别大致相当于波动率被错估了 2 个点的情形差异。

表 1-1   有无对冲成本的一年期平值卖出跨式的数据对比

统计指标	无对冲成本	有对冲成本（0.1 美元 / 股）
平均值	−6.10 美元	−121.54 美元
中位数	−49.85 美元	−111.68 美元
盈利概率	44%	30%

注：股价为 100 美元，利率为 0，已实现波动率和隐含波动率都为 30%。

实际上，激进的再对冲由做市商和一些波动率专家来执行。绝大多数个人或者买方极少对冲或者从不对冲。我在另一本书中讨论了希望近似于连续对冲的相关理论。在本书中，我们假设没有发生再对冲。这些结论也同样适用于那些不经常对冲的人。他们可以假设原始头寸已经了结，并建立新的头寸。因此，一个月后被对冲的一年期头寸可以得到类似于 11 个月期的期权头寸分布。

本章小结

BSM 模型给出了期权的复制策略。标的资产预期收益和该策略无关。在 BSM 模型中，唯一与标的资产分布属性相关的是波动率。平均来看，对冲后头寸会获得与隐含波动率（通过反向推导 BSM 模型）和已实现波动率差异所对应的收益。期权的结构和对冲机制会影响损益分布的形状，但不会改变损益的平均值。期权结构等选择并非不重要，但是成功的期权交易更多取决于发现隐含波动率被错误定价的情形。

本章要点

▶ 无套利的期权定价模型没有包含标的资产收益。BSM 模型只包含波动率。

▶ 在期权定价模型中输入市场价格，可以倒推出期权的隐含波动率。

▶ 对冲后头寸将获得期权隐含波动率和已实现波动率的差异所对应的收益。

▶ 实际的期权对冲是在一定的交易成本下获得可接受的溢价。

第 2 章

有效市场假说及其局限性

　　许多交易书籍都宣扬一个神话，即成功的交易基于纪律性和持续性，这可能是最糟糕的建议。一个没有真正优势的交易员，如果他坚持交易，以很强的纪律性执行错误的计划，那么他会比一个懒惰的、反复无常的交易员更快、更稳定地赔钱。一个强壮但没有技巧的斗士在一场注定失败的战斗中能做的只是试图坚持得更久一点。相比一个弱小的斗士，他最终得到的只是挨更多的打。

　　对于交易员来说，另一个可怕的弱点是乐观，乐观将使失败的交易员追求不切实际的成功。不幸的是，希望是不受外部现实影响的一种心理机制。

　　情绪控制并不能弥补优势的缺失。但是，在我们找到优势之前，我们需要理解这为什么是困难的，以及我们应该去何处寻找优势。

有效市场假说

　　在交易员眼中，有效市场假说意味着"赚钱很难"。这点没错，但这个理论值得更详细地研究。交易员正试图从有效市场假说的例外情况中赚钱，而且不同类型的无效应该得到不同的理解，因此交易的方式也应该有所不同。

有效市场假说是同时从两个不同的方向发展起来的。保罗·萨缪尔森在"理性预期理论"的框架下将这一观点引入经济学界。与此同时，尤金·法玛在证券收益统计的研究中引入了"随机游走"的理论。

这个想法可以用很多方式来表达，但简单地说，通用的表达如下：

如果不能根据某些信息进行有利可图的交易，则市场对于这些信息是有效的。

而且这里讲的"有利可图的交易"是经过风险调整的，扣除了所有的成本。

因此，根据我们的考量，有许多不同的有效市场假说，但其中三种被广泛研究：

- ▶ 强有效市场假说，其中的信息是任何人都知道的。
- ▶ 半强有效市场假说，其中的信息是公开信息，例如过去的价格、收益或分析师的研究。
- ▶ 弱有效市场假说，其中的信息是过去的价格。

有效市场假说作为组织原则很重要，并且非常接近现实。但值得注意的是，没有人相信某种形式的有效市场假说是绝对正确的。交易员是对的，赚钱很难，但也并非不可能。大多数成功的投资者和经济学家都认同这一理论的一般思想，并接受它并不完美的事实。

我认为"市场是有效的"这一观点大致是正确的，这使得仅靠成为一个聪明的投资者很难击败市场。但我不认为市场是完全有效的，并且完全有效和部分有效之间的差异为像我们这样的人留下了巨大的机会，使我们可以以此获得这些不寻常的投资成绩。市场效率足够高，因此很难拥有出色的投资成绩，但这并非意味着绝对不可能。

——查理·芒格

即使是该理论的发明者之一，尤金·法玛也是使用"好"而不是"完美"一词来限定效率的概念。

在有效的市场的任何时间点，证券的实际价格都是对其内在价值的一个好的估计。

——尤金·法玛

市场效率的概念也有矛盾之处。一个市场效率越高，收益的随机性和不可预测程度也越高。一个完全有效的市场将是完全不可预测的，但这是通过市场所有参与者的交易实现的。投资者都试图从他们拥有的各种信息优势中获利，通过这个过程，他们的信息也反映在了价格中。Grossman 和 Stiglitz 用这个观点来论证完全有效的市场是不可能的。如果市场是有效的，那么交易员就不会努力收集信息，从而不会推动市场走向有效。因此，当市场接近有效时将形成一个均衡状态，但收集和处理信息仍是有必要的。

（这就是为什么通过阅读《华尔街日报》进行基本面分析和使用知名指标进行技术分析可能毫无用处。费希尔·布莱克称这些人为"干扰信息交易者"。他们是为优秀交易员买单的人。）

还有其他反对有效市场假说的论点，其中最具说服力的来自行为金融学领域。事实证明，人在许多方面都是不理性的。做不理性事情的人应该为那些理性的人提供机会。正如 Kipling 所写的，"如果你能在周围的人都失去理智的时候保持冷静……我的儿子，你将成为一名男子汉"。

法玛在他最初有关有效市场假说的著作中，提到了三个足以（尽管不是必须）达到有效的条件：

▶ 无交易成本；

▶ 完美的信息流；

▶ 关于信息对价格影响的共识。

对我们有利的是，这些条件通常不适用于期权市场。期权，尤其是动态对冲时，有很高的交易成本。信息不是唾手可得的，而且波动率市场通常对新信息反应缓慢。此外，方差溢价不能直接交易。波动率市场是寻找违反有效市场假说的好地方。

让我们接受这件事：有效市场假说的不完美使得利用这个理论来赚钱是有可能的。研究这些对于完美的偏离的经济学家将偏离分为两类：风险溢价和效率不足。风险溢价赚取的是承担风险而获得的补偿，如果溢价定价错误，在接受风险后仍是有利可图的。效率不足是由于市场没有注意到某些事情而带来的交易机会。例如，人们没有考虑到某个产品中嵌入的期权。

有这样一个笑话（其实并不是笑话），一个经济学家看到一张100美元的钞票掉在地上，她径直走过。一个朋友问："你没看到那里的钱吗？"经济学家回答："我想我是看到了什么，但应该是我的想象。如果地上有100美元，肯定会有人捡走的。"我们知道有效市场假说并不完全正确，但是这张钞票留在那儿可能有两种原因：也许它掉在一条繁华的街道上，没有人愿意为它跑到车流里去，这是一种风险溢价；也许钞票是掉在酒吧外面，是醉汉离开时容易遗失钞票的地方，这就是一种效率不足。还有一种可能，钞票留在那儿纯粹是巧合。

通常不太可能知道一个给定的机会到底是风险溢价还是效率不足，很大可能是两者兼而有之。重要的是要尝试将两者区别开来。可以预料，风险溢价将持续存在，交易对手方为风险购买保险。他们也许会改进对保险的定价，但大概率仍会继续支付一些费用。

相比之下，效率不足只会持续到别人注意到它为止。不能区分是真正的机会还是偶然事件只会导致损失。

有些交易员可以从效率不足中获利，但并非所有交易员都可以。很多交易员会使用无意义或广为人知的信息。很多预测都很容易，我可以预测非农数据的发布日，我可以预测周末的日期，我可以预测股市将在美国东部时间下午 4 点收盘。在许多情况下，做出好的预测并不难，难的是做出的预测优于市场预测，即其他人预测的共识。对于成熟的股票指数来说，前后两天的日内波幅之间的相关性大约在 65% ~ 70%。因此，前一天的情况是一个非常好的波动率估算值（更多类似的见解会将你引向对 GARCH 模型的思考）。做出更好的哪怕只是好一点点的单日预测也是有难度的，但这样做有利可图。这些预测的优势并不会永远持续下去，原因包括所使用的技术被公布，员工离职并带走信息，或者仅仅因为几个人同时具有相似的想法。

编外语：Alpha 衰减

市场结构性转变会使某种工作不复存在，场内交易员的消失就是一个例子。与大多数人类似，交易员往往认为他们的技能具有特殊性，他们的工作将永远存在。这就错了。场内交易的时代过去了，固定佣金也没有了，投资顾问正在逐步被机器顾问取代。做市商数量更少了，每个做市商交易的股票数量比过去多了很多。离岸外包一定会在交易中出现，而一天一次的拍卖等市场结构很有可能取代连续交易。

但是，除了这些结构性变化之外，由于市场效率不足产生的 Alpha（与定价错误风险带来的 Beta 值相反）不会持续很久。基于效率不足策略的半衰期大概在 6 个月至 5 年之间，这取决于交易的难易程度。Mclean 和 Pontiff 在 2016 年的研究表明，新异常现象的公布最多可减少其 58% 的回报，但这并不是唯一侵蚀 Alpha 的因素。Chordia 等在 2014 年的研究表明，流动性的增加也使超额收益减少约 50%。有时候，这种异常现象的存在仅仅是因为大量交易员不愿意花费时间参与其中。一个类似的效果是，轻易获取数据将扼杀掉原有策略。有时候，Alpha 并不是金融市场的震荡造成的，而是处理信息的成本造成的。

就像一些交易员能通过使用诸如 K 线图这类愚蠢想法来获利一样，一些交易员可以通过使用过度拟合模型获得一段时间的成功。我绝不会使用它来纵容数据挖掘，但是我们可以从中汲取经验教训。正如枪炮与玫瑰[⊖]（Guns and Roses）所唱："没有什么是永恒的。"纯靠运气的策略永远不会持久，即使是最好的、完全有效的策略也会有一个生命周期。因此，当你赚钱时，不要以为"谨慎"是个好主意，正确的做法是尽可能地积极进取。业余人士破产的原因有很多，但专业人士也常常在行情不好的时候比较难熬，因为他们没有充分利用行情好的时候去变现，而是认为赚取稳定但微薄的利润是最好的。

行情好的时候专业人士也花了太多钱，忘记了这种情形是不可持续的。有一位场内交易员曾向我讲了一个小时他的新法拉利，还嘲笑 NFL

⊖ 美国著名摇滚乐队。——译者注

和 NBA 球员愚蠢的消费习惯（我上一次听说他时，他在变卖房产）。很多时候，因为有效的策略会失效，交易员的职业生涯很短。业余人士会搞砸，但专业人士不允许 Alpha 衰减。例如，许多场内交易员无法幸免于公开喊价市场的消失。他们的优势不复存在，以前的消费习惯使他们所剩无几。（在这种情况下，"涓滴经济学"是正确的，因为从做市获取的利润流到了妓女、脱衣舞娘和可卡因贩子身上，至少没有浪费。）

行为金融

> 想想看，普通人有多傻，可还有一半人更傻。
>
> ——乔治·卡林（George Carlin）

市场的历史远没有我们通常认为的那么久。例如，股票期权从 1973 年芝加哥期权交易所（CBOE）开市以来才在流动、透明的市场中交易。标准普尔（以下简称标普）500 指数期货和期权交易也是 1982 年以来才有的。直到 1990 年才有了波动率指数（VIX），直到 2004 年该指数才可以交易。标普 500 指数成分股公司的平均寿命也只有 20 年左右。长期来看，价值与宏观变量有关，例如通货膨胀、货币政策、商品价格、利率和收入。而且这些变化是以月和年为单位的。更糟糕的是，它们都是相互依赖的。

因此，我们可以研究和寻找模式的历史似乎足够长，很可能并非如此（这不适用于高频交易或做市商，因为这些交易可以从基本固定的环境中收集大量数据）。对于波动率市场，我认为尽管似乎有成千上万的数据点，但实际可能只有几十个。思考市场数据的一种更好的方法可能是，观察那些出现次数很多的一小部分数据点。

对历史数据的定量分析被普遍认为比较有用，而我认为它远没有想象中的那么有用。

但有一点是不变的：人性。

智人[⊖]（我们）首次出现后的 30 万年来，人类的心理基本上没有改变。这意味着任何可以最终归因于心理学的效应背后都有 30 万年的证据。这似乎是获得清晰思路的更好的潜在来源。

心理学解释（任何事物）的问题在于它们太容易做假设了。正如棒球作家比尔·詹姆斯（Bill James）在报道中说："20 世纪的人使用心理学的方式就像他们的祖先使用巫术一样，任何你不了解的事物，都是心理学。"金融媒体总是使用这种心理学来解读当天发生的事情。当市场一直上涨时，"交易员们都很兴奋"；当市场稍微上涨时，"交易员们都谨慎乐观"，诸如此类。我尝试不要如此，但我和其他人一样，也还是会这样解读。我认为心理学可以非常有用，但我们应用时要很小心。理想情况下，我们希望有一些心理学偏差能够帮助我们发现一些有交易机会的异常情形，并且希望它们已经在与我们打算交易的环境类似的情况下测试过。

此外，交易员不是心理学家，而且阅读任何层级的行为金融学资料，从流行心理学到真正的科学期刊，可能都只会导致直觉和猜测。说良心话，交易员目前在阅读有关地缘政治或经济学的文章时会犯同样的错误。一周前，交易员可能是研究关税对大豆的影响方面的专家，一周后，他可能在谈论土耳其的利率问题。听起来知识渊博要比实际知识渊博要容易得多。交易员误用行为心理学与对宏观经济学一知半解相比，到底哪种更有用，这并不是显而易见的。明确的是，交易员也没法做得

⊖　和现代人属于同一物种，由直立人进化而来。——译者注

更好了。

在我向前雇主解释了这种虚无主义的观点之后，他说："嗯，我必须做点什么。"而我们所做的正是我所说的不是很好的那些东西：应用统计数据和行为金融学。这些远非完美的工具，但它们是我们拥有的最好的工具了。它们带来的优势很小，但还是有些可取之处的。我们能知道的永远只是一小部分。赚钱不易。

行为金融学的支持者认为，各种心理偏差会导致投资者系统性地犯错，这些错误导致了市场的效率不足。行为心理学最早是在 20 世纪 80 年代应用于金融领域的，但在此之前的几十年里，心理学家一直在研究人们在不确定性条件下做决策的方式。

德国哲学家格奥尔格·黑格尔因其正题、反题、合题三位一体的理论而闻名（作为哲学家一样能成名）。正题提出后，相对立的观点便是反题。最终正题与反题中最好的观点重新组合成一个新的范式，即合题。忽略黑格尔从未谈论过这个想法的事实，这个概念对于描述理论产生的过程是非常有用的。理论提出后，找到支持该理论的证据，使之最终成为公认的正统观念。但是经过一段时间后，无论是出于理论上的原因还是新的证据的出现，一种强烈反对第一个理论的新理论将出现。争论随之而来，许多人变得更加教条主义，并坚定地站在自己的立场上，但最终，正论和反论的某些方面都将被用来建构新的正统观念。

从 20 世纪 60 年代初到 80 年代末，有效市场假说一直是金融理论界的主流范式。经济学家以理性的个体决策者的行为作为模型，这些决策者对所有可用信息进行了最佳利用。这就是正题。

20 世纪 80 年代，在理性假设不成立的证据推动下，出现了另外一种观点。此外，个体错误总体上可能不会消失，人们是非理性的，这导致了市场的效率不足。行为金融学就是反题。

合题还没有到来，但是行为金融现在既不是包罗万象的原则，也不是边缘化的进展。它增加了传统经济学的内容而不是取代了传统经济学。

我们从行为金融学中学到了什么？

第一，行为金融学增加了我们对市场动态的理解。即使在理性交易员和套利者在场的情况下，非理性的干扰信息交易员也会妨碍市场效率。尽管可以通过理性预期框架证明泡沫和崩溃的存在，但行为方法给出了更合理的解释。

第二，我们现在意识到了投资者的一些偏见和系统性的错误判断。例如：

- **过度自信**：过度自信是对自己能力的一种不合理认知，这会导致交易员把事件结果的可能性范围缩得过窄、低估犯错的可能性、交易量过大或者调整速度过慢。
- **过度乐观**：过度自信缩小了预测的范围，过度乐观则会使预测的范围产生偏差，与实际相比，过度乐观的交易员总是预测有更多、更好的机会。
- **可得性启发法**：我们的决策基于最容易记住的数据，即使它是非典型的。这也是深虚期权合约价格过高的原因之一。人们很容易记住那些让他们获得回报的戏剧性事件，却很难记住那些没有什么波澜、期权到期后一文不值的时光。
- **短期思维**：这种思维显示出以牺牲长期业绩为代价而追求短期收益的非理性偏好。
- **损失规避**：投资者对损失的厌恶程度超过对收益的喜爱。这意味着他们会持有亏损头寸并期待反弹，即使他们的预测已被证明是错误的。

▶ **保守主义：**保守主义更新预测的速度太慢以至于没有反映出新的信息。

▶ **自我归因偏差：**这种偏差源于将成功归功于技巧，而将失败归因于运气。这使得无法进行知识的贝叶斯更新。

▶ **锚定：**预测时过多地依赖某个初始信息（锚）时，就会发生锚定。这导致交易员更新价格预测的速度太慢，因为当前价格是锚，而且看起来比它应该的价格更"正确"。

至少还有 50 个其他例子。

交易员试图使用这些类型的偏差来寻找具有优势的交易，结果不一。偏差如此之多，以至于几乎任何事情都可以用其中之一来解释。有时偏差之间也会存在直接冲突。例如，有时投资者反应不足，但有时他们也会反应过度。几乎所有的市场现象都发生在这两种偏差之间。这个领域的心理学家和金融理论家也不蠢，他们知道这些困难，并努力消除各种影响。这是一个相对较新的领域，期望没有任何未解决的问题是不公平和不现实的。真正的问题并不在于这个领域或者严肃的论文。问题在于流行心理学的解释以及投资者通过"偏差挖掘"来证明他们的想法。

在科学界，一个新想法被过度炒作是很普遍的，特别是那些对外行来说很有趣的想法（传统金融没那么有趣）。20 世纪 70 年代，有许多关于突变理论的畅销书籍，这是物理学的分支，旨在解释所有突然的状态变化和相变，但事实并非如此。20 世纪 90 年代，混沌理论几乎是可以用来解释所有事物的，包括市场动态，但事实并非如此。行为金融学因其趣味性而被过度曝光，它提供了许多违反直觉以及幸灾乐祸的故事。我们要么觉得自己比那些犯愚蠢错误的人高人一等，要么庆幸至少自己不是唯一犯这些错误的人。

人们喜欢直观的解释。我们非常需要理解事物，而行为金融学给出的答案比经典金融理论的统计要简洁得多。尽管行为金融学还没有一个合乎逻辑的市场理论，但个别案例能提供一些深刻见解，有助于揭开谜团。这使人安心，它给我们一种能掌控投资的感觉。

普罗大众对一项科学感兴趣，并不意味着这项科学是有缺陷的。比如，市面上有很多关于量子力学的流行书籍。但是，行为金融学确实存在某些较严重的问题亟待解决。

正如传统金融理论一样，行为金融学研究的是个体决策，尽管人们并不是独立于其他人做出投资决策。每个人都会受到外部因素的影响，大多数人是根据朋友的建议来选择投资的，专业人士也同样会受到社会力量的影响。在过去的30年中，市场社会学一直是活跃的研究领域，但是它尚未被整合到行为金融学中。因为行为金融学在很大程度上忽略了交易和投资的社会属性，我们对个体偏差是如何累积起来的以及它们对市场动态的实际影响一无所知。这是必要的，因为尽管我们不了解总体行为是如何产生的，但很明显，市场迎合了非理性行为，而不是根除它。例如，金融顾问、股票经纪人和其他金融中介机构的服务占美国国内生产总值的9%，尽管它们的表现几乎都被更便宜的指数基金和交易所交易基金（ETF）所超越。

此外，行为金融学在很大程度上局限于对认知错误的研究。还有许多其他类型的非理性行为会影响决策，包括情绪、睾酮水平、药物滥用和对地位的追求。

行为金融学并没有为有效市场假说提供合理的替代理论。那些关于偏差和启发的记录是人们所犯的错误，这些并不能形成理论。列举事实并不能形成理论，当然，有时在理论形成之前，观察是必要的。门捷列夫早在了解物质的原子结构之前就绘制了元素周期表，我们在了解物种经过自然选择而进化的过程之前就知道了物种的存在。尽管如此，从科学的角度，行为金融学终究需要一个统一的理论来解释当前的观察结果并做出可检验的预测。

行为金融学仍然是有帮助的。每当我们发现看起来不错的交易想法时，我们都需要问："为什么这项交易可以留给我来做？"有时候答案很明显，做市商首先寻求的是提供流动性的对价，延迟套利适用于投资了关键技术的交易员，ETF套利适用于具有资本和法律地位从而可以成为授权参与者的交易员。但通常情况下，任何有兴趣的人都可以获取具有优势的交易。还记得那个关于经济学家的玩笑吗："为什么有张钞票放在地上？"风险溢价通常可以通过查看历史数据来识别，但是行为金融学可以帮助识别真正的效率不足。例如，盈余公告效应可以用投资者反应不足来解释，结合历史数据让我有足够的信心相信优势是真实的。数据建议要去交易，但心理原因给出了理论上的证据。

高级方法：技术分析和基本面分析

技术分析研究价格和交易量以预测回报。

技术分析

阿伦森将技术分析分为主观分析和客观分析。这是一个有用的区分。

主观的技术分析结合了交易员对数据的判断和解释。例如，"如果价格超过指数加权平均值，我可能会做多，这取决于很多其他因素"。这些方法没有错，它们甚至都不是方法。主观性在科学中不一定是个问题。研究人员主观地选择要研究的内容，然后主观地选择合理的方法，但是如果将主观性作为交易方法的一部分，而不是作为研究的一部分，那么就没有办法可以检验什么是有效的，什么是无效的。存在交易员因为使用主观方法而成功的吗？显然是有的，但是在我们弄清楚有多少人失败之前，我们无法判断这种方法是否有效。此外，不同投资者即使表面上使用相同的方法，甚至基于相同的输入参数，其做出的决策也不相同。实际上，基本没有办法检验主观分析的有效性。

例如，日本的K线图、艾略特波浪、江恩角、趋势线和图形（旗、三角旗、头、肩等），这些东西本质上是主观的。这些并不是方法。以最善意的方式解释，它们（从字面上）是观察市场的框架。使用这些方法可能可以帮助交易员隐约学习如何预测市场。但是更现实的是，主观的技术分析几乎可以肯定是垃圾。我无法证明这些想法行不通，没有人可以证明。它们无法自圆其说是因为它们并没有严格意义上的定义。但是大量的间接证据表明这种分析是毫无价值的。大型交易公司或银行都没有专门针对此类分析的业务部门，它们有基于统计套利、风险套利、做市、跨期、收益率曲线交易和波动率的业务，没有一家知名的大型公司拥有日本K线图业务部门。

正如我的前任老板所说："那不是分析，那是猜测。"

任何方法都可以主观地应用，但是只有部分可以客观地应用。阿伦森将客观的技术分析定义为"发出明确信号的定义清晰的可重复程序"。可以根据历史数据测试这些信号，并衡量其有效性。这本质上是定量分析。

似乎其中一些方法可以用来在股票和期货市场中赚钱。但是，每个单独的信号都将非常微弱，要赚取任何稳定的资金，就需要将各种信号进行组合，这就是统计套利的基础。这不在本书讨论的范围之内。

但是，在对价格或收益数据进行定量分析时，我们确实需要注意一个糟糕的经典错误：数据挖掘。

在数据挖掘中，我们使用许多方法、参数和时间尺度去筛选数据。这几乎可以确定会产生某些具有样本内获利能力的策略。当此问题仅限于选择单个给定策略的参数时，通常称为过度拟合。如果加入足够的变量，则可以得到一个多项式来更好地拟合数据。即使你预先选择了函数或策略，通过"优化"变量，你也将获得最佳的样本内拟合度。但在样本外这可能不是最好的。恩里科·费米尼（Enrico Fermini）分享了数学家兼经济学家约翰·冯·诺伊曼（John von Neumann）所说的"用四个参数我可以拟合出一头大象，用五个参数我可以让大象的鼻子动起来"。

不仅交易员会犯这个错误，学术界也陷入了陷阱。Ioannidis 在 2005 年首次发表有关此问题的报告，随后，Harvey 等和 Hou 等讨论了数据挖掘对金融异常研究的影响。

有几种方法可以避免这个陷阱：

▶ 样本外的规则回测检验的最好的表现将是正偏。即使基本前提是正确的，规则的未来表现也会比样本中的结果差。

▶ 这种偏差的大小随着样本内数据集的增大而减小。

▶ 规则（包括参数）的数量越大，偏差越大。

▶ 使用样本外数据检验的最佳规则，这样可以更好地了解其真实表现。

▶ 理想的情况是数据集大且检验规则少。

即使在应用了这些规则之后，也应谨慎应用偏差校正方法。

最简单的是邦费罗尼（Bonferroni）校正，通过除以检验的规则数量来缩放任何统计显著性数量。因此，如果在95%置信水平（5%拒绝水平）下的显著性测试显示最佳规则是显著的，但该规则是100条规则中表现最好的，那么调整后的拒绝水平将为5%/100或0.005%。因此在这种情况下，t值为2的最佳规则并不表示95%的置信水平。我们需要一个t值为2.916，对应于单一规则的99.5%置信水平。这个测试很简单，但功能并不强大。它过于保守，对好的规则持怀疑态度。当被用于制定交易策略时，它是有优势的。

怀特的真实性检验（White's reality check，WRC）是一种更高级的测试。这是一种自举方法，可产生适当的采样分布以测试最佳策略的显著性。这项测试已获得专利，可以购买可执行该测试的商业软件包。当然，也可以用一个简单的例子来说明其基本算法。

我们有两种策略，A和B，分别产生2%和1%的日收益，都是通过观察100个历史收益得出的。我们可以使用WRC来确定策略A的明显优势是否来源于数据挖掘：

▶ 使用重置抽样法，从历史数据中生成100个系列收益数据。

▶ 将策略（A 和 B）应用于此历史数据，以获取虚拟策略 A′ 和 B′。

▶ 用 A′ 减去 A 的平均收益，用 B′ 减去 B 的平均收益。

▶ 计算收益调整策略 A″ 和 B″ 的平均收益。

▶ A″ 和 B″ 中较大的收益是样本分布的第一个数据点。

▶ 重复该过程 N 次以生成完整的分布，这是统计的抽样分布，两个预期收益为零的规则的最大平均收益。

▶ p 值（最佳规则是两者中更好的概率）是（收益）超过 A 的收益（即 2%）的抽样分布比例。

现实情况将涉及许多规则的比较，花钱买这个软件可能是值得的。

还有一种完全不同且互补的方法可用来避免过度拟合。忘掉数据的时间序列，研究潜在现象。猎人并不太在乎鸭子的生物化学成分，但他们会非常了解鸭子的实际行为。在这方面，交易员是猎人，而不是科学家。忘掉波动率是遵循 GARCH(1,1) 还是 T-GARCH(1,2) 过程，重要的观察结果是它在短期内聚集并且在长期内均值回归。如果该现象足够突出，可以用于交易，那么使用哪种精确模型就不重要了。一些模型在样本中总是更好的，但这并不能保证它们在样本外的表现是最好的。

上文这个例子阐明了找到交易策略的正确方法。

有压倒性的证据表明股票具有动量，表现出色的股票往往会继续表现出色。从我们有数据时起就可以观察到这一点，许多国家和地区也是如此。对于动量的定义和测量的时间尺度而言，观测结果是可靠的。在交易世界中，股票动量的证据不胜枚举。从这个事实出发，设计一个简单的模型来衡量动量（例如 6 个月的回报），然后根据这个指标对股票进行分类，并购买得分较高的股票。

最糟糕的事情是采取一个预定义的模型，看它是否有效。30 天、200 天移动平均线交叉是否可以预测 VIX 期货的走势？如果我们将第一个周期改为 50 天会怎样？我不知道也并不在乎。

基本面分析

基本面分析旨在通过查看金融、经济和政治等变量来预测回报。例如，股票基本面分析师可能会查看利润、收益率、销售额和负债率，全球宏观交易员可能会考虑 GDP、货币水平、贸易逆差和政治稳定性。

基本面分析，尤其是全球宏观分析，特别容易受到主观性的影响。这也会诱使其他聪明的人根据他们在《华尔街日报》或《经济学人》上读到的内容做出投资决策。无论故事的来源多么可靠，或者读者有多么聪明，都不太可能有人能从这些公共分析中持续获利。

考虑一下"专家"的以下陈述：

> 金融风暴肯定已经过去了。
>
> ——伯纳德·巴鲁克 1929 年 11 月致丘吉尔的电报

股票价格在接下来的三年中连续下跌，道琼斯指数 1930 年下跌了 33%，1931 年下跌了 52%，1932 年下跌了 23%。

> 不能轻视 1987 年 10 月的信息，大牛市已经过去了。
>
> ——艾略特波浪理论家罗伯特·普莱切特于 1987 年 11 月
> 提出

在接下来的 12 年中，道琼斯指数有 11 年都在上涨，收益率（不包括股息）超过 490%。

可能会出现熊市……可能会下跌 30% 或 40%。

——巴顿·比格斯，1997 年 10 月 27 日

道琼斯指数在 1997 年 10 月 28 日创下最大单日涨幅，并在接下来的 6 个月里继续强劲反弹。

在大多数情况下，取笑别人的错误是刻薄的。我们都会犯错。我所引用的人都自称是这一领域的专家，而事实上，真正的专家非常少。

这方面的证据可不是空穴来风。

专家的预测能力普遍是比较差的。Gray 总结了许多研究的结果，这些结果表明，简单、系统的模型在军事战术、重罪累犯和疾病诊断等领域的表现都优于专家。建立模型需要专业知识，但专家不应对每一种情形逐个做判断。

Koijen 等的研究表明，经济专家（为企业、智库、商会和非政府组织工作）的调查与未来的股票收益率呈负相关关系，也与货币和债券收益率呈负相关关系。该情况适用于 13 个股票市场、19 种货币和 10 个固定收益市场。一个简单的"去专家化"策略会给出 1989 ～ 2012 年 0.78 的夏普比率。

财务顾问的表现也同样糟糕，Jenkinson 等研究过财务顾问在挑选共同基金方面的表现，他们的结论是："我们没有证据表明这些建议会增加价值，这表明在投资顾问的鼓励和指导下寻找赢家是徒劳的。"而且，基金经理本身的业绩表现也无法始终超过平均水平，因为交易成本，大多数基金经理的表现不佳，而且本年与下年的表现也没有相关

性。因此，基金经理没办法挑选出好股票，而试图挑选优秀的基金经理也毫无意义。

　　基本面分析生成的大部分 Alpha 也很可能是聪明 Beta[⊖]，这是对暴露于特定风险因素的补偿。无论来自聪明 Beta 还是 Alpha，交易利润就是利润。这绝对没错。但在我们把交易员的成果归功于技能之前，我们应该知道是什么产生了利润。Beta 的成本应该比 Alpha 低很多。

本章小结

　　在金融市场上赚钱是困难的。有效市场假说并非完全正确，但它更接近于正确而不是错误。如果交易员不能接受这一点，他会从干扰信息中寻找优势，从而导致交易过度。行为金融、技术分析和基本面分析都可以作为寻找套利交易的高级组织原则，但是每一项原则都只能暂时相信，而最可靠的方法是寻找独立清晰的现象。例如，动量可以通过技术分析发现，但也可以理解为行为异常。可观察到的现象必定优先于任何特定的方法。

本章要点

　　▶ 有效市场假说也有例外情形，但很少见。

　　▶ 例外情形要么是因为效率不足，仅在足够多的人注意到之前才出

　　⊖ 聪明（smart）Beta，采用价值、波动率、动量等因子加权取代市值加权，通过透明的、基于规则或量化的方法，投资特定领域或目标，从而捕获具有投资价值的非市场 Beta。——译者注

现的暂时现象；要么是定价过低的风险溢价。

▶ 风险溢价将持续存在，并可能成为交易员操作的核心，但是由于效率不足而带来的利润将迅速衰减，一旦发现了就必须尽快加以利用。

▶ 对于有前途的交易策略，策略基础要与衡量该策略的特定方法相独立。从观察开始，然后转向量化和论证。

第 3 章

波动率预测

所有成功的交易都需要做出预测。有一些交易员（例如跟随趋势的交易员）声称他们并不预测，仅仅只做出反应。虽然不知道他们为什么这么说，但在任何情况下，这都是错误的。当交易员输入订单时，他们其实就做出了预测。如果不认为市场会上涨，为什么要做多呢？无论交易员是如何得出这个预测结果的，实际上交易员都认为"市场会上涨"。除了纯粹的套利交易外（这种情况实际上已不存在），为达到正期望值，我们都需要做出一个既正确又比共识更准确的预测。

本章我们将集中讨论波动率的正确预测。但首先，这里有一些适用于任何金融预测的原则：

- ▶ 选择一个好问题。有些事情是无法预测的，没有人可以预测 25 年后苹果公司（AAPL）的股价。有些事情是很难预测的，预测未来两天内的标普 500 指数是一个难题。有些事情是不值得预测的，比如次日联邦基准利率几乎可以肯定会保持不变。立志找到那些可以解决但又很难解决的问题，你将能够从预测中获利。波动率就是一个理想的选择。

- ▶ 积极寻找可比的历史情况。当政府停摆时会发生什么？经济衰退和股市之间的联系是什么？这是一个很好的一般原则，但如果你正在寻找可以导致波动率激增的催化剂，这也是至关重要的。做空波动率的好时期通常仅根据金融数据就可以推断出来，但做多波动率的交易通常需要一个还未体现在价格中的催化剂才能成功。不要相信你的直觉或你所认为的事实，这些都会因为你的经验、环境和政治主张而产生偏差。如果没有数据，就没有知识。

当我所掌握的信息改变时，我会调整我的结论。你会怎么做，先生？

——约翰·梅纳德·凯恩斯

▶ 平衡保守和反应。所有好的投资者头脑中都有一个贝叶斯模型，并在收到新信息时更新其预测，但也不应该更新得太过激进。

▶ 积极寻找反对意见。每个人都会存在偏见，如果你确信你读到的每篇文章都是混乱无用的，那么就接受你出错的可能性。如果你是习惯性的波动率卖方，情况也是如此。

制定有约束力的规则是不可能的，因为两种情况永远不会完全相同。

——赫尔穆特·冯·毛奇元帅

请记住，在预测未来时是没有确定性的。

模型驱动预测与情境预测

一种有效的学习方法是整理我们现有的知识。有时，它能很清楚地使我们认识到我们并不了解某些事情。但是即使没有这种明显的差距，想要采取这种分类的想法也是有所帮助的。科学通常从知识分类开始。

在我们知道通过自然选择产生的物种之前，我们就知道了物种；在我们知道原子结构之前，我们就知道元素可以被归入周期表；在我们知道DNA结构之前，我们就知道了显性和隐性基因。

我们已经将交易机会划分为市场效率不足和风险溢价两类。这种区别在战略层面很重要。错误定价的风险溢价可以持续很长时间，一项业务可以建立在收获风险溢价的基础上。市场效率不足却不会持续存在，因此需要在它持续的时间内积极交易并假设它们不会持续太久。

同样，我们也可以在战术层面上对交易进行分类（战略定义了高层次的目标，而战术是我们用来实现这些目标的方法）。交易要么是模型驱动，要么是事件驱动。

在模型驱动的交易中，理论模型可以用来计算公允价值或优势。在任何时候，我们都可以根据模型形成一个观点。例如，如果我们有一个期权定价模型，我们就可以不断地为同一标的资产上的所有期权生成一个理论价值。事件驱动型交易是基于特定的异常情况。注意到公司发布收益公告后隐含波动率下降，可以作为事件驱动型交易的基础。

所有类型的交易、投资或赌博都可以这样分类。在21点[⊖]中，算牌是由模型驱动的。玩家的算牌方案为发的每张牌分配一个值。当牌被打出时，玩家会更新计数，并相应地修改优势估计。在发牌的任何时候，玩家都会知道自己的优势是什么。但也有另外一种事件驱动的方法：王牌追踪。王牌追踪是基于洗牌并不是完美的随机化方法。在一次洗牌后靠得很近的纸牌往往会在下一次洗牌后依然靠得很近，因此一个王牌追踪者会注意那些靠近王牌的纸牌，当那些纸牌在下一轮出现时，他就可以知道接下来是王牌的概率升高了。因为玩家在21点中的优势来自 2 ：1

⊖ 扑克牌玩法，又名黑杰克（Blackjack）。——译者注

的 21 点赔付，所以一个比随机更好地去发现王牌的点子，足以提供显著的优势。王牌追踪比算牌更有效。

股票投资也可以进行类似的分类，我们可以用 Fama-French-Carhart 四因子模型对股票进行排序，也可以购买收益高于预期的股票。在赛马比赛中，一个模型的例子是 Beyer 速度体系，作为一个事件驱动型策略，它将支持那些暂时表现不好的马。

这两种方法都各有优缺点。

为了使模型驱动的方法有效，我们需要一个好的模型，有些情况比其他情况更加需要。例如，存在非常好的期权估值模型，但是股票估值方法却很粗糙。有时，构建模型所需的工作并不值得。但如果我们有一个模型，我们就永远能够交易，对于每一个交易机会，我们都将有对应的理论价值。这意味着该方法具有很好的扩展性和广泛的适用性。我们也将能够根据我们感知到的优势来衡量我们的交易。

这种方法的最大问题是模型必须大大简化对现实的看法。通常情况下，模型明显的有效性并不是因为其自身的有效性，而更多是因为数据收集和处理得到了回报。在 20 世纪 80 年代，收集每日收盘价并从中计算波动率就足以在期权市场上获得波动率优势。现在，这种数据是免费的，而且容易自动处理，这种波动率套利模式似乎已经没有了优势。但是这个模型本身根本没有任何优势，优势都在于数据收集和处理。

事件驱动交易有两大优势，发现和测试它们的过程都非常简单。美联储会议后的三天里，股票市场会发生什么变化？周一波动率指数（VIX）的表现如何？深虚期权定价是否过高？我们只需要通过数据和 Excel 表格就可以测试这些想法。

最重要的是，基于特定事件或情形的交易可能是非常有利可图的。

我有一种实际上从未亏损过的交易。这种交易一年只有几次机会，也相当受到流动性的局限，但它的记录是完美无缺的。这种盈利能力可能与一个事实有关：对于这种情况为何是有利可图的，存在巨大的不确定性。

事件驱动型交易的缺点是我们必须等待事件发生，而有些事件并不经常发生。我们很难基于一个几年发生不了一次的交易策略来构建业务，而且通常很难知道这项交易为什么存在。这并不总是正确的。例如，王牌追踪有利的原因是非常清晰的，但有时即使是具有令人信服的统计数据的交易也没有明显的原因。如果我不知道一项交易存在的原因，我就不会做这笔交易，但有时很容易想出一个事后的理由。例如，许多体育迷相信主场优势是由于旅途疲劳造成的。这似乎很有道理，却是错误的。即使球队共用同一个场地，主队也有优势。这一难题没有神奇的答案。一个原因的证据越弱，就越需要有力的统计证据。

与此相关的问题是，如果我们对一项交易为什么有效只有一个模糊的概念，我们将很难知道它是否已无效，或者我们只是在经历一段糟糕的时期。如果提出的原因是心理因素，那就更是如此。人们总是倾向于把异常现象归因于心理因素。这不可避免地导致了对交易的过度自信。毕竟，人类的心理不会改变，那为什么这些交易会无效呢？

最后，我们通常无法在同一类交易中区分出"好"的交易和"坏"的交易。如果我们只知道卖出超额收益的期权是有利可图的，我们就不知道卖出苹果期权还是 IBM 期权更好。这使得控制规模变得困难。我们只掌握了整个交易类别的统计数据。我们需要非常保守。

模型会给人一种错误的安全感，没有一种模型能解释所有问题。任何事件的原因都不是单一的。大多数事件都有许多原因。情境策略直接承认了这种不确定性，一般来说，能适应不确定性的交易者会做得最好。

因此，尽管创建模型不是一个坏主意，但你还是需要适应交易时特定事件所固有的模糊性。

我们在本书中的重点是找到我们可以做得比共识更好的情况。这一点将在第 5 章中详细介绍。查找和操纵金融数据的简便性大大降低了使用时间序列模型预测波动率的有效性，但以这种方式衡量和预测波动率对于确定交易规模和分配仍然是必要的。计量经济学家仍在没完没了地写关于 GARCH 模型族不同成员的论文，但在过去 20 年里，波动率的衡量和预测没有本质上不同的进展。

GARCH 模型族与交易

最简单的预测模型是假设未来 N 天的波动率与前 N 天相同。数学公式如下：

$$\sigma_t^2 = \sigma_{t-1}^2 \qquad (3\text{-}1)$$

这有两个主要问题。首先是"窗口效应"，即一个大的单一回报会影响 N 天的波动率计算，慢慢地该回报会从样本中移出。这就造成了波动率测量的跳跃性，从而造成预测的跳跃。图 3-1 给出了一个示例，我们计算了 2019 年 6 月 15 日～ 2019 年 9 月 30 日 Maximus 公司（MMS）连续 30 天的收盘波动率。

该股票通常的日波动约为 0.7%，但在 2019 年 8 月 8 日，它因公司盈利而跳涨 12%。这导致 30 天波动率从 17.8% 跃升至 39.3%。30 天后，该盈利日不再计算在内，波动率再次下降到 23.3%。如果我们知道哪些事件是异常值，我们可以通过从数据中剔除它们来避免这个问题。我们可以直接把盈利日的当日收益率剔除。

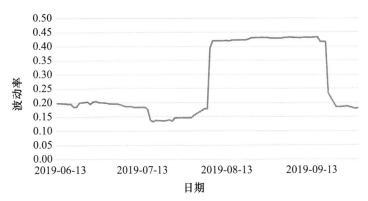

图 3-1 Maximus 公司连续 30 天的收盘波动率

更大的问题是，这种方法没有考虑波动率聚类。波动性极高或极低的时期将仅持续很短的时间。指数加权移动平均值（EWMA）模型考虑了这一点。由此，方差逐步演变为：

$$\sigma_t^2 = \lambda \sigma_{t-1}^2 + (1-\lambda)r_{t-1}^2 \qquad （3-2）$$

λ 的取值通常在 0.9 ～ 1。

GARCH 模型族扩展了这一思想，允许均值回归到长期方差，GARCH(1,1) 模型（这样称它是因为它只包含一阶滞后项）是

$$\sigma_t^2 = \alpha \sigma_{t-1}^2 + \beta r_{t-1}^2 + \gamma V \qquad （3-3）$$

α、β 以及 γ 总和为 1，γV 是长期方差。

GARCH 一方面改进了未来的波动率和过去一样的简单假设，但在另一方面作为一种预测方法它也被高估了。GARCH 模型捕捉到了波动率的本质特征：明天的波动率可能会接近今天的水平，而长期的波动率可能会与历史长期平均水平持平。一切介于两者之间的都是插值（interpolation），GARCH 模型族因插值不同而各有不同。例如，图 3-2 显示了利用 GARCH(1,1) 和

GJR-GARCH(1,1) 计算的 2019 年 8 月 1 日 SPY 预期波动率的期限结构，这也解释了正收益和负收益的不对称性。这两个模型都是根据过去四年的日收益，利用最大似然估计（MLE）算出来的。

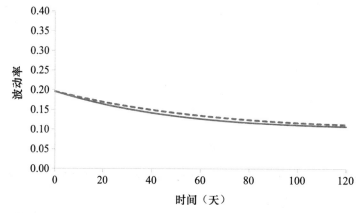

图 3-2　使用 GARCH(1,1)（实线）和 GJR-GARCH（虚线）预测 SPY 波动率的期限结构

　　从实践的角度来看，这种差异是可以忽略不计的。这就是导致 GARCH 模型泛滥的原因。模型都大致相同，没有一个模型明显优于其他模型。在任何情况下，如果有许多竞争性的理论，那么说明所有理论都是不好的。薛定谔方程仅有一个，它表现得很好。GARCH 模型有成千上万的变形，没有一个表现得很好。

　　实际上，事实表明 GARCH 模型的预测效果并不会比简单的 EWMA 模型更好，并且大多数专业交易员不愿意使用 GARCH 模型。部分原因在于最大似然估计参数的不稳定性，这些参数每周都会有很大的变化。此外，最大似然估计需要大约 1000 个数据点才能得到一个好的估计。这意味着，如果我们选择使用每日数据，我们的预测将使用 4 年前的信息，这并不是好事。

但是有一种实用的方法可以将 EWMA 的稳健性和 GARCH 所允许的长期均值回归结合起来。当交易员使用 EWMA 时，他们随意选择衰减参数，而不是根据历史数据进行拟合，并使用最大似然估计。我们可以用 GARCH 做同样的事情。选择一个模型，选择参数，并持续使用它。这意味着，最终我们可以培养出直觉，通过模型来"观察"市场。对于指数，选择 0.9 范围内的 α 和在 0.02 ～ 0.04 的 β 似乎是可行的。

隐含波动率作为预测指标

如果我们考虑方差溢价，隐含波动率可以用来预测未来的已实现波动率。因此，对标普 500 指数 30 天波动率的预测，可以通过从 VIX 指数中减去当前 VIX 指数水平下合理的方差溢价得出（参阅表 4-3）。

大多数标的资产没有现成计算好的 VIX 指数。应对这种情况的第一种方法是遵循芝加哥期权交易所（CBOE）公布的方法，构建一个 VIX 指数。一种更简单的方法是选择合适的平值期权，用它们的波动率加权平均值作为近似替代。这也是旧的 VIX（股票代码 VXO）的构建方法。VXO 和 VIX 收益率具有 88% 的相关性，它们之间的平均差值约为 VIX 水平的 0.5%。这个近似值并不理想，但通常已经是目前最好的。

预测集合

现在，波动率市场已经足够成熟，任何基于时间序列的波动率方法可能都无法提供能在期权市场中获利的预测。更好的方法是将多种不同的预测组合起来。这种关于信息聚合有效性的想法远非新概念。弗朗西斯·高尔顿爵士是最早提出"群众智慧"的倡导者之一。1878年，他以摄影的方式将许多不同的肖像结合在一起，以表明"所有肖像的结合比它们各自要好看，因为众多的平均形象消除了不规则性所带来的个体的外观瑕疵"。他的实验已经被反复进行，他的结论也被更先进的设备多次验证。

预测集合可以比组成它的任何部分都要好。这可以用一个简单的例子来证明，假设我们问100个人一道多选题，"意大利的首都是什么"，答案选项是罗马、米兰、都灵和威尼斯。小组中20个人确信知道正确答案（罗马）。剩下的80人只是猜测，所以他们的选择在所有的选项中平均分配，每个选项得到20票。因此，罗马获得了40票（20名确信者和20名猜测者），其他城市则各获得20票。尽管只有一小部分人知道正确答案，这个信号还是足以轻易地掩盖猜测者猜测的干扰信息。

这个例子还表明，为了使预测集合最有用，它们需要包含不同的信息。我们需要那些错误的人成为不相关的干扰信息源，这与波动率时间序列模型不同。大多数模型之间都有很高的相关性。然而，对多个简单模型的预测进行简单平均仍然会改善预测。我使用了五个波动率模型来预测1990～2018年底标普500指数随后30天的波动率。表3-1显示了每个模型的统计分析以及简单平均值。

平均值的误差仅次于简单30天平均值（最简单的模型）的误差，但当我们考虑结果分散性时，平均值优于简单30天平均值。有趣的是取0.9和0.95 EWMA模型平均值也可以带来轻微的改善。如表3-2所示。

表 3-1　1990 ～ 2018 年底标普 500 指数 30 天波动率预测

	平均值	30 天历史波动率	EWMA ($\lambda=0.9$)	EWMA ($\lambda=0.95$)	VIX	GARCH(1,1)
平均误差（波动率点数）	0.27	−0.10	−0.92	−0.76	0.30	0.44
标准差	5.2	6.0	5.8	5.9	5.2	5.9
90% 分位值	−5.1	−5.8	−7.3	6.6	−6.4	−6.3
10% 分位值	5.2	5.8	4.1	5.0	8.9	5.3
R 值	0.65	0.62	0.62	0.60	0.64	0.60

表 3-2　1990 ～ 2018 年底标普 500 指数的 30 天波动率 EWMA 预测

	平均值	EWMA ($\lambda=0.9$)	EWMA ($\lambda=0.95$)
平均误差（波动率点数）	−1.1	−1.5	−0.76
标准差	5.7	5.8	5.9
90% 分位值	−6.9	−7.3	6.6
10% 分位值	4.5	4.1	5.0
R 值	0.61	0.62	0.60

即使是非常相似的模型也可以有效地求平均值。这可能是应用这一概念的最佳方法。尽可能对所有不同的时间范围与参数条件下的 GARCH 模型进行平均。理想情况下，被平均化的模型是基于完全不同的想法或数据，但是对于波动率来说不是这样的。

本章小结

对于一个金融时间序列，已实现的波动率是可以合理预测的。不幸的是，这意味着很难做出一个与市场共识有显著差异的好预测。即使波动率预测无法作为寻找优势的基础，它也是必不可少的。特别是，任何合理的规模调整方案都需要对未来波动率进行预测。

本章要点

▶ 所有的交易策略都可以分为模型驱动策略或事件驱动型策略。每
种类型都有优缺点。

▶ 波动率的预测集合通常会优于时间序列方法。

第 4 章

方差溢价

> 在金融领域，一切讨人喜欢的事物都是不安全的，一切安全的事物都不讨人喜欢。
>
> ——温斯顿·丘吉尔

方差溢价（也称为波动率溢价）是隐含波动率趋于比后期已实现波动率更高的一种现象。

这种现象并非最近才有。伦纳德·希金斯（Leonard Higgins）1906 年出版的《认沽期权与认购期权》一书中，描写了伦敦证券交易所的交易员们如何先确定期权统计意义上的公允价值，然后"在认购和认沽期权的'平均值'上增加一定金额，以获取合理的利润率"。也就是说，附加了方差溢价。

方差溢价在股票指数类、波动率类、债券类、商品类、汇率类和个股类期权产品中广泛存在。这可能是在交易期权时需考虑的最重要的因素。即使交易员不直接从方差溢价中获利，也需要知悉、理解这个现象。买入期权并持仓必须克服这个趋势，才可能获利。即使只做方向性交易的交易员也需要将其考虑在内，因为即使方向预测正确，如果交易员始终为期权付出过高的成本，也很难获利（更多相关讨论参见第 6 章、第 7 章）。

　　从这一现象中获利的方法多种多样。方差溢价的规模和持久性是如此强大，以至于策略的精确细节通常并不十分重要。实际上，如果存在方差溢价，任何卖出隐含波动率的策略在获利方面都具有明显的领先优势。

　　在本章中，我们将讨论不同产品中方差溢价的特征，观察方差溢价、相关性和偏度之间的关系，同时对于这一现象的存在赋予一些可能的原因。

编外语：隐含方差溢价

　　方差溢价是指隐含波动率和已实现波动率之差。其中，隐含波动率可以由 BSM 模型或方差互换求得。有一种相关现象完全在隐含空间中发生。卖出 VIX 指数期货通常是有利可图的策略（尽管也不是每次都成功）。图 4-1 展示了 2015 年 6 月～ 2019 年 10 月期间，持续卖出近月 VIX 指数期货的损益情况。

　　VIX 指数本身并没有以相同走势衰减（如图 4-2 所示）。这实际上是期货的期限结构效应。

　　根据理性预期（rational expectation）假说，VIX 期货曲线应该是到期日 VIX 指数的无偏估计。随着到期日接近，基差缩窄应更多依赖于现货指数朝着期货价格的方向移动。

　　理性预期理论已在许多不同的商品期货上被检验，通常对价格变动的描述准确度很差。期货倾向于向现货的走势靠拢。另外，相比期货，现货 VIX 指数能够更好地预测期货 VIX 指数的未来走势。

　　这一现象发生在 VIX 指数上可能并不令人惊讶。VIX 指数期货并不寻常。期货定价方法通常是：首先假设它是远期合约，然后构建标的和期货的无套利模型。然而，VIX 指数不能直接交易，因此上述方法不适用于 VIX 指数期货定价。鉴于 VIX 指数期货不受严格的无套利限制，因此市场有效性不足的可能性更大。

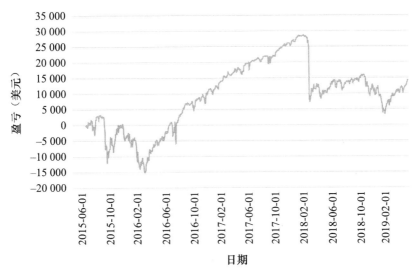

图 4-1　卖出 1 张近月 VIX 指数期货的损益情况

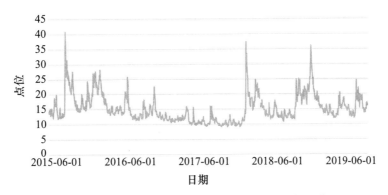

图 4-2　2015 年 6 月～ 2019 年 10 月 VIX 指数走势

　　就其本身而言，这并不意味着义务仓必然获利。但 VIX 指数的期限结构通常是远期升水（从 2006 年 VIX 指数期货上市到 2019 年初，81% 的时间是升水）。这意味着期货价格高于现货价格，且倾向于向现货价格收敛。西蒙和坎帕萨诺对该效应做了充分的讨论。只有在前一日价格处于显著升水时卖出期货才能大大改善这一策略的收益。图 4-3 展示了 2015 年 6 月～ 2019 年 10 月，当期限结构为升水时，卖出近月 VIX 指数期货的损益情况。

图 4-3　期限结构为升水时卖出 1 张近月 VIX 指数期货损益情况

股票指数的方差溢价

　　图 4-4 展示了 1990 ～ 2018 年底，VIX 指数和随后 30 天标普 500 指数的已实现波动率走势。

　　平均来看，VIX 指数比标普 500 指数的已实现波动率高 4 个点，85% 的时间内都是正溢价。图 4-5 展示了波动率溢价。图 4-6 展示了每天的溢价分布。表 4-1 给出了统计分析。

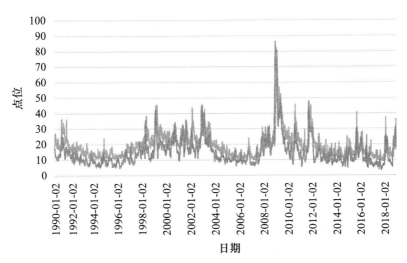

图 4-4　VIX 指数和随后 30 天标普 500 指数的已实现波动率

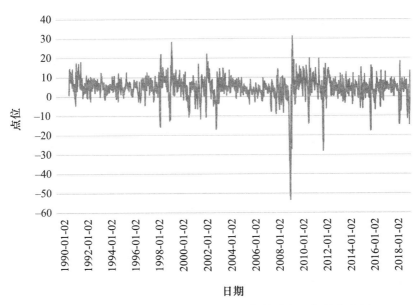

图 4-5　标普 500 指数方差溢价（VIX 指数减去已实现波动率）

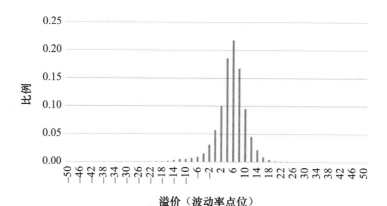

图 4-6　标普 500 指数方差溢价分布

表 4-1　标普 500 指数方差溢价统计分析

平均值	4.08
标准差	5.96
偏度	−2.33
最大值	31.21
最小值	−53.34
中位数	4.63
90% 分位值	9.62
10% 分位值	−1.45

　　道琼斯工业平均指数（Dow Jones 30）、纳斯达克 100 指数和罗素 2000 指数具有相似的方差溢价。上述指数方差溢价的统计分析见表 4-2。

　　方差溢价会随市场波动发生明显变化。表 4-3 展示了 VIX 指数五分位数的统计分析。在此表中，与图 4-6 保持一致，溢价以波动率点位表示。

　　因此，概括来看，各分位数方差溢价的均值或中位数随着波动率水平提升而上升。方差溢价的离散程度也随着波动率水平提升而上升。若运用期权交易波动率溢价，中等水平的 VIX 指数可能是最好的市场环境。

低波动率情形下的保证金回报率较低，并且由于较高的 Gamma，需要更频繁地对冲；高波动率情形下的平均回报率很高，但风险也很高。

表 4-2　道琼斯工业平均指数、纳斯达克 100 指数和罗素 2000 指数方差溢价统计分析

指数	道琼斯工业平均指数（1998 年以来）	纳斯达克 100 指数（2001 年以来）	罗素 2000 指数（2004 年以来）
平均值	3.50	3.41	3.24
标准差	6.18	6.99	6.58
偏度	−2.03	−2.02	−2.72
最大值	28.90	26.48	27.28
最小值	−49.42	−53.79	−46.08
中位数	4.22	3.91	4.05
90% 分位值	9.46	10.37	9.10
10% 分位值	−2.60	−3.11	−2.81

表 4-3　VIX 指数的汇总统计（按分位数分段统计）

指数	VIX<13.02	13.02<VIX<15.89	15.89<VIX<19.42	19.42<VIX<24.15	VIX>24.15
平均值	2.61	3.37	4.35	4.19	5.87
标准差	3.54	3.60	4.58	6.53	9.06
偏度	−2.36	−1.67	−2.23	−2.21	−2.46
最大值	8.33	10.17	13.84	14.82	31.21
最小值	−17.54	−16.84	−27.95	−37.66	−53.34
中位数	3.25	4.05	5.25	5.44	7.23
90% 分位值	5.16	7.21	8.73	10.45	13.81
10% 分位值	−0.81	−0.80	−0.74	−3.15	−2.80

还有更直接的证据显示方差溢价。与卖出方差互换一样，卖出 Delta 中性股票指数期权组合策略（跨式、宽跨式、蝶式和鹰式）一直以来都有利可图。根据实施细节不同，策略的夏普比率处于 0.4 与 1.0 之间。学者

采用不同的时间段和国家样本研究过方差溢价。

芝加哥期权交易所发布了两个单独的做空期权波动率的指数：CNDR 和 BFLY。CNDR 跟踪的是卖出 1 个月标普 500 指数期权铁鹰式策略的表现（卖出 Delta 为 20 的宽跨式并买入 Delta 为 5 的宽跨式策略）。BFLY 跟踪卖出铁蝶式策略的表现。图 4-7 和图 4-8 展示了上述 2 个策略的模拟表现。

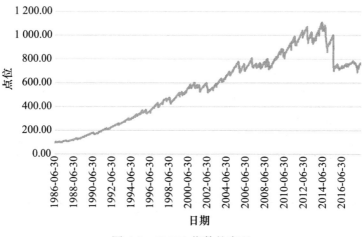

图 4-7　CNDR 指数的表现

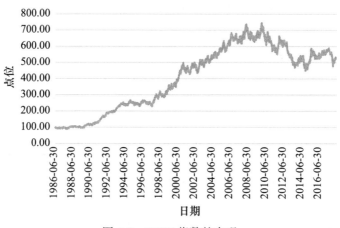

图 4-8　BFLY 指数的表现

值得讨论的是，为什么自 2008 年以来上述 2 个指数的表现都不是特别出色。

2008 年底前后方差溢价实际上是相同的，其中位数分别为 4.63 和 4.61。但是，VIX 的中位数从 18.3 下降到 16.3，在经历了 2009 年的市场震荡之后，VIX 的中位数进一步下降至 15.4。较低的波动率水平会给期权带来更高的 Gamma，这会大大加深路径依赖和漂移影响。

另一个原因是偏度的影响。虽然更低的平值期权波动率通常意味着所有其他期权合约均会以更低的波动率交易，但深度虚值认沽期权的相对隐含波动率有升高的趋势。因此，随着波动率降低，Delta 为 5 的认沽期权相较接近于平值的期权，权利金差值有所增加。CBOE SKEW 指数正好说明了以上现象，早期 CBOE SKEW 指数的平均值为 116.2，之后的平均值为 125.7。这种策略中的认沽期权成本会更高，且深度虚值期权始终是方差溢价最高的一类期权。除非是为了对冲而购买深度虚值期权，否则就是极其愚蠢的赌注。

因此，虽然方差溢价是一种明显而持续的现象，但构建策略时仍需多加注意。这将在第 6 章中做进一步讨论。

隐含偏度溢价

指数方差溢价大部分是由于 OTM（虚值）认沽期权定价过高而产生的。直觉上应该如此，因为方差互换的大部分价值是由虚值认沽期权的价值驱动的。同时，众所周知，指数认沽期权的价值被高估了。

隐含波动率曲线预测了指数实际回报中很高的负偏度。虽然很多定价模型可以重构这一曲线，但因为不考虑股票指数回报显著负偏的情况下，该类模型的参数不一致。不恰当地引用萨缪尔森的话来说，期权市场预测了过去 5 次市场修正中的 9 次。而且，预测是反应性的，隐含偏度在大跌后最为陡峭。

Kozhan 等检验了卖出偏度互换合约的盈利能力。偏度互换这种合约没有模型参照，其损益等于实际偏度和隐含偏度之差。和方差互换一样，偏度互换也可以由期权复制而成。运用偏度互换合约，研究员可探究隐含偏度中隐含的风险溢价，而不必担心任何特定的期权定价模型的设定偏误。

Kozhan 等发现，对于标普 500 指数期权（1996 ～ 2009 年间），卖出虚值期权策略约一半的超额收益源于回报和波动率的相关性：实际偏度。

隐含相关性溢价

卖出指数波动率、买入指数成分股波动率是卖出相关性的操作。所有指数成分股同时下跌等同于相关性上升。卖出相关性也等同于卖出隐含波动率。

这一策略的夏普比率与卖出指数方差互换差不多，尽管回报更低，方差也显著下降。市场动荡时，相关性上升，分散交易亏损，此时也是卖出指数波动率亏损的时间段。

大宗商品

方差溢价很可能在大宗商品中存在。Prokopczuk 和 Simen 运用期权合成方差互换，在几乎所有大宗商品市场都发现了显著的负方差风险溢价。他们检验了 1989 ～ 2011 年间的 21 个大宗商品市场，发现在其中 18 个市场卖

出方差互换都具备统计意义上的显著收益。表 4-4 总结了 60 天互换的结果
（10% 的溢价意味着 60 天隐含方差比 60 天实际方差高 10%）。

表 4-4　商品期权方差溢价的规模和显著性

商品品种	方差溢价（%）	T 检验
原油	3.4	6
燃油	3	7
天然气	10.2	9
玉米	2.3	8
棉花	−0.6	−11
大豆	0.8	2
豆粕	0	0
豆油	1	4
白糖	2.6	6
小麦	0.7	3
生猪	1.2	3
活牛	1	11
铜	2.4	4
金	1	4
银	0.2	1
可可	3	8
咖啡	1.7	1
燕麦	6.2	8
橙汁	2.3	3
大米	3	8
木材	3.5	10

相同品类的商品市场方差溢价的相关性是正的，但很小。同时，跨
品类的相关性也足够小，以至于利用商品市场的溢价获利成为很好的分
散投资。上述相关性见表 4-5 和表 4-6。

表 4-5　各商品品类内部方差溢价的相关性

部门	60 天方差溢价的相关性
能源	33.4%
谷物	24.2%
家畜	31.4%
金属	30.1%
热带作物	5.7%
木材	无

表 4-6　各商品品类之间方差溢价的相关性

	能源	谷物	家畜	金属	标普 500 指数	国债	热带作物	木材
能源	100%							
谷物	9.0%	100%						
家畜	13.2%	14.9%	100%					
金属	22.1%	14.5%	6.5%	100%				
标普 500 指数	26.5%	2.0%	16.4%	30.7%	100%			
国债	20.2%	16.0%	5.3%	23.1%	39.3%	100%		
热带作物	8.9%	24.7%	11.3%	11.6%	5.9%	0.3%	100%	
木材	7.3%	0.9%	7.8%	3.9%	9.5%	6.5%	11.7%	100%

交易商品期权需要具备一些基本面知识。股票期权交易员可以交易任何股票，通常甚至不需要知道比股票代码更多的信息。这很大程度上是因为股价的变动几乎是随机的，任何真正的基本面知识的影响很小（指数甚至更受无知的驱动——最适合统计驱动的交易员）。但人们确实了解大宗商品的知识。大宗商品市场存在不同的农作物、管道瓶颈、存储压力和天气影响。一名优秀的小麦交易员不能保证成为优秀的玉米交易员。不同商品的影响因素存在差异。

我们可以在 Prokopczuk 和 Simen 的研究中看到这些方差溢价。具备基本面分析能力的交易员可能知道为什么玉米的溢价比小麦高这么多，也知道为什么白银期权的溢价和黄金期权如此不同。

债券

Choi 等研究了 1990 ～ 2012 年债券期权的表现。他们发现，5 年美国国债、10 年美国国债和 30 年美国国债的 1 个月方差互换价格大约被高估了 20%（5 年美国国债为 18.7%，10 年美国国债为 27.6%，30 年美国国债为 21.2%）。卖出这些互换的交易策略的夏普比率大约为 2。卖出 1 个月平值跨式组合也有利可图，尽管盈利稍少一些。

多数债券的不确定性（因此多数的方差溢价）聚集在宏观数据的公布期附近。Jones 等发现 1979 ～ 1995 年，约 90% 的国债超额收益聚集在就业或生产价格指数（PPI）数据公布日上。有趣的是，Andersson 等发现德国政府债券对美国数据公布的反应远强于德国数据。德国失业数据公布对德国政府债券几乎没有影响，他们得出这一数据被广泛泄露的结论。

波动率指数

波动率期权也存在方差溢价。Hogan 运用波动率指数（VIX）期权合成方差互换，并证明其相对于波动率指数期货的实际方差存在溢价，溢价规模与股票指数的差不多。Kaeck 使用 2006 ～ 2014 年的数据论证，得出了相似的结论。

汇率

Lo 和 Zhang 发现了场外汇率期权市场存在方差溢价的直接证据。他们发现，在 1 个月至 1 年期的美元兑英镑、日元、瑞士法郎和欧元期权

上，卖出跨式策略均有利可图。他们也发现期权临近到期日，方差溢价
会上升。

　　Londono 和 Zhou 报告，在 1 个月、3 个月、6 个月到期的美元 / 英镑、
美元 / 日元和美元 / 欧元的方差互换上，存在显著的正方差溢价。然而，
对于一些货币，特别是新西兰元和澳元，方差溢价很大并且为负。由于
对立货币通常被视为"避风港"，这表明方差风险的定价与现实世界中的
政治和宏观经济风险预期之间存在某种联系。

股票

　　卖出股票期权的结果并不清晰。首先，因为我们知道隐含相关性是
指数方差溢价的一部分，我们会预期卖出股票波动率的收益会低于卖出
指数波动率。这是真的。同时，和商品一样，也存在影响个股期权方差
溢价的特定因素。第 5 章会进行更深入的说明。

　　Di Pietro 和 Vainberg 展示了规模和账面市值比等公司特性如何影响
股票期权的昂贵性。他们发现，小盘股期权比大盘股期权更昂贵，蓝筹
股期权比成长股期权更昂贵。

　　Vilkov 证实了部分观点。他没有发现公司规模的显著影响，但发现
价值股比成长股具有更多的方差溢价。他还发现流动性差的股票方差溢
价较高（这点不实用，因为这些股票的期权流动性也会较差）。他还研究
了各个行业的方差溢价（按照 French 的定义），结果见表 4-7。

表 4-7　卖出不同行业个股期权 1 个月期方差互换的平均收益率

行业	平均收益率	T 检验
公用事业	31.25%	10.39
非耐用消费品	17.71%	7.89
其他	9.83%	3.71

（续）

行业	平均收益率	T检验
耐用消费品	8.56%	3.36
能源	8.56%	3.55
制造业	8.05%	3.29
零售业	4.68%	1.93
健康	3.27%	1.39
电信	−1.40%	−0.48
科技	−7.66%	−2.97

任何想交易股票期权投资组合的人都应该研究这些不同因素敞口之间的相互关系，但我不清楚是否有任何公开的著作论述过这些。

方差溢价的成因

很多原因会导致方差溢价。这意味着它可能会持续存在，因为"所有原因会同时消失"这一点值得怀疑，即使在不同的市场和经济体制中的原因各有不同。

保险

方差溢价最有说服力的原因是人们愿意为保险付费。持有股票并购买认沽期权寻求下跌保护的人是最明显的保险购买者。该类需求是隐含偏度和由此产生的偏度溢价的主要驱动力。然而，也有一些投资者会购买认购期权，以确保不会错失大型反弹行情。显然，有期权买方就有卖方，但客户需求决定了价格。套期保值者做好了为保险付费的准备。卖方承担风险，同时要求额外的溢价。方差溢价反映了风险溢价，但同时也是被错误定价的风险溢价。

跳价风险

如果标的价格是连续的，期权可以被完美地复制，这将使期权的存在变得多余。然而，标的价格可能出现跳跃，在动态对冲机制无能为力的情况下，期权可以对跳价风险提供保护，从而使其对买方（套期保值者或方向性交易者）更有吸引力。期权的非多余性可以被同时视为方差溢价的成因和结果。

交易限制

许多经纪商对散户投资者实施限制。散户投资者经常被禁止卖出裸期权。这意味着一部分的投机者只能做多波动率，因此推高方差溢价。

做市商存货风险

与普遍的看法相反，博彩公司不会试图完全平衡其风险。通常它们会推测某支球队会赢。相似地，期权做市商通常对市场持有投机性看法，并利用做市业务的收入来弥补这些头寸的损失。现在的做市商要比10年前少得多。自动化程度的提高意味着人员需求减少。在交易大厅，（10年前）一名交易员可能负责2～3只股票，现在一名交易员交易数百只股票已经成为常态。但是，做市业务的总体利润仍然是巨大的。价差有所收窄，但（总体收入）已通过交易量的增加得到了弥补。只要做市商持续经营，最终就会成功。

市场动荡时期是流动性提供者的最佳交易机会。价差扩大，交易量猛增，客户对价格的敏感性不如往常。因此，在该类市场情况下做市商可以激进地开展交易，这点至关重要。同时，只有当做市商不因市场波动陷入损失时，上述情形才会发生。在理想情况下，做市商将获得可观的利润，并且可以自由交易而不受限制。这意味着他们几乎总是买入深度虚值的期权。做市商风险管理的范式永远是净买入期权。做市商知道期权价格过高，但他们需要将其作为保险——不是存货保险，而是业务保险。

收益的路径依赖

Grosshans 和 Zeisberger 表明，投资者也非常在乎其收益的实现方式。他们进行了调查，要求人们想象自己有 6 只股票，3 只股票赚了 10%，3 只股票亏了 10%。同盈或同亏的 3 只股票中，每只股票收益路径均不同：先上后下，线性，先下后上（见图 4-9 和图 4-10）。

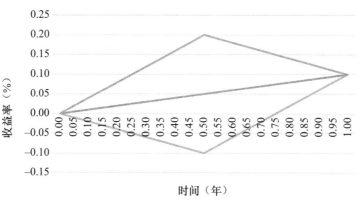

图 4-9 3 种不同的正收益路径

对于盈利和亏损的股票，参与者都是在先跌后涨的情形下最开心。人们甚至在股票先涨后跌但仍然盈利的情况下感到有些失望！人们在从逆境中恢复时，从失败中夺取胜利时，感觉最快乐。

虽然以上只是调查数据，其也给予了方差溢价另一个合理的解释。

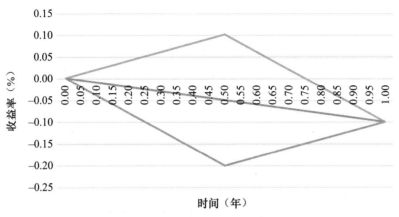

图 4-10　3 种不同的负收益路径

　　想象 1 只价格为 100 美元的股票和行权价为 100 美元的认购期权和认沽期权。假设利率为零且波动率为 30%，那么 1 个月期的认购期权和认沽期权的价值均为 3.43 美元。一个交易员卖出认沽期权，另一个买入认购期权。考虑一下，如果股票在期权到期前从 100 美元跳涨至 106.86 美元会发生什么。每个交易员在到期时均赚取 3.43 美元，但买卖双方的盈亏随时间变化略有不同。上述收益路径见图 4-11 和图 4-12。

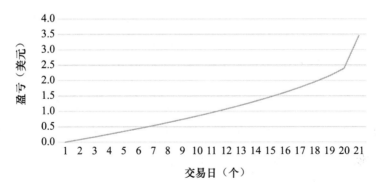

图 4-11　在到期前标的股票价格跳涨的情形下，卖出认沽期权的损益

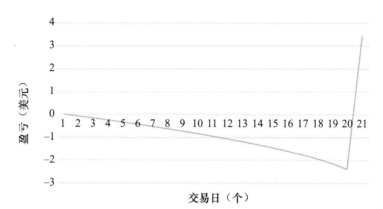

图 4-12 在到期前标的股票价格跳涨的情形下，买入认购期权的损益

最大的盈亏差是 5.09 美元，发生在跳涨之前的一天。

买入期权保持了"从失败中夺取胜利"的能力。人们更喜欢这个，因此期权价格倾向于被高估，出现了方差溢价。

这实际上是 Gamma 效应。卖出认沽期权稳定地收取 Theta，但买入认购期权因 Gamma 获利。该类扭亏为盈来自高 Gamma 导致的极端价格变化的可能性。这解释了为何短期期权方差溢价最大，同时解释了其为何在波动率较低时趋于更高。

比索问题的问题

期权价格实际上可能没有被高估。也许波动率和偏度是合理定价，而明显的方差溢价是由于以下事实：事件驱动型的期权买方在为我们的样本周期内尚未发生但未来可能发生的事件购买保险。

很难反驳基于"你且等着"的论点。我们当然知道，有史以来，隐含波动率一直被高估了。有一天可能会发生某个事件，其规模如此之大，以至于所有卖出期权的利润都将被抹除。这似乎也不太可能。与所有交易决策一样，我们既可以假设历史会预测未来，也可以假设历史不会重演。"这次不一样"是一个很吸引人的想法，因为它意味着我们不必研究历史事件的演变，但这一想法很少是对的。

本章小结

隐含波动率往往是未来已实现波动率的上偏估计。这是波动率交易者最重要的经验事实。该效应适用于大多数标的，并且在我们有数据可追溯的时间内一直存在。方差溢价有很多经济、分布和心理上的成因。尽管随着更多试图获得方差溢价的机构的出现，方差溢价可能会减少，但对于它是否会彻底消失，我持怀疑态度。

本章要点

▶ 历史经验表明卖出期权是有利可图的。同时，有充分的证据表明这一现象会持续。

▶ 场内交易员说："不确定，就把风险转移。""但凡交易期权，优秀的做市商就会知道他们是否想以该价格买入或卖出，如果他们不确定，就该卖出。"

第 5 章

寻找具有正期望价值的交易

在《波动率交易：期权量化交易员指南》中我写道："这本书并不打算给你一长串交易规则。抱歉地告诉你，随着市场持续演进，交易规则很快就过时了。只有一般性原则不会过时。这是我试图提供给大家的。这种方法并不像一系列神奇规则那么易于接受，就像我也不认为击败市场是件容易的事。"

这依然是正确的。

但我将会告诉大家一些优势。优势不是规则，两者的差异很重要。规则是变现某种优势的特定方式，优势则是有可能从中以多种方式获利的被广泛观察到的现象。优势能够持续。

编外语：拥挤效应

人们普遍认为拥挤交易的绩效会逐渐降低。尚不清楚这种现象是否总是如此，这个问题在 Baltas 的因子投资中得到了解决。

首先，到底什么叫"拥挤"还不清楚。有时，它意味着特定细分行业（例如，高频交易公司）的交易规模，该类行业此后受大规模平仓的影响（例如 2007 年 8 月发生的"量化崩溃"◎或是 2018 年 2 月波动率 ETN

◎ 2007 年 8 月，几家市场中性策略基金大规模平仓引发"踩踏效应"，导致流动性危机。——译者注

问题[⊖]）。它还可能与市场容量有关。通常，"拥挤"一词概述了许多情况，在这些情况下，交易者无意间的协同交易产生反馈效应。

这些反馈事件的确切发展方式取决于特定策略的动态。Baltas 将策略分为收敛策略与发散策略。收敛策略（例如价值投资）具有天然的目标价格。这能够产生稳定性。拥挤将有助于在收敛策略中实现利润。

发散策略，例如顺趋势投资，没有锚定价格。资产价格越高，买入越多。这会产生去稳态的反馈效应。短期内，这将有助于获利，但最终将导致泡沫和随后的崩溃。

Baltas 假设拥挤度可以被量化，通过寻找各资产超出 Beta 值部分的联动增量来计算（Cahan 和 Luo 首次在 2013 年提出该想法）。例如，如果所有价值股开始更强劲地同涨同跌，则表明价值因子拥挤程度逐渐增加了。

Baltas 通过使用 2004 年 9 月～ 2018 年 5 月的全球股票数据，1999 年 1 月～ 2018 年 5 月的标普 GSCI 商品指数的成分股，以及 2000 年 1 月～ 2018 年 5 月的 26 对汇率来测试他的收敛、发散理念。对于股票，他研究了价值、规模、动量、质量（资产收益率）和低 Beta 因子；对于商品，他研究了动量；而对于货币，他研究了动量和价值（按购买力平价定义）。Baltas 关于拥挤如何影响各种策略的论文得到了广泛证实。在存在自然目标值的情况下，拥挤稳定了市场。如果没有自然目标值，拥挤实则是不稳定的因素。

这些结果的重要警示是，无论具体的交易动态如何，杠杆的存在都可能是压倒性的。例如，美国长期资本管理公司（LTCM）采用了表面上

[⊖] 2018 年 2 月，美股市场波动率快速上升，XIV 价格快速下跌以至于被清盘。——译者注

的均值回归策略，交易旧发行国债和新发行国债之间的价差。该公司使用了巨大的杠杆，执行该交易的主要经纪商也是如此。当价差扩大，交易员被迫去杠杆，进一步推动了价差扩大，形成了一个不稳定的反馈循环。本应稳定的交易被过高的杠杆变成了不稳定的交易。

产品陷入不稳定的反馈循环的一个例子是 2018 年 2 月的 VIX ETN。

2018 年 2 月 2 日，周五，标普 500 指数下跌 2.1%，VIX 指数从 13.47 点上升 28.5% 至 17.31 点。在当时，这是一次大幅波动，波幅位居历史第 34 位。但 2 月 5 日，周一，行情才真正超乎寻常。标普 500 指数当日下跌 4.2%，但 VIX 指数上涨了 115.6%，单日涨跌幅为历史最高，几乎是此前记录 64% 的 2 倍（在此前的记录中，VIX 指数仅从 11.15 点上升至 18.31 点）。VIX 指示标普 500 指数有约 1% 的日度波动，都将是一件大事。然而，VIX 指数的反应与标的波动幅度完全不一致。若将标普 500 指数收益率与 VIX 指数收益率以线性回归模型预测，当股票指数下跌 4.2% 时，VIX 指数应相应变动 12.8%。2 月 5 日，VIX 指数的实际涨幅是预期值的 9 倍。

次日，VIX 指数出现了有史以来最大的振幅，最低为 22.42 点，最高为 50.3 点（有记录以来第 70 高的数值）。

我看到的非公开结果显示，这段时间内，波动率基金回报从上涨 25% 到下跌 95% 不等。一些蒙受亏损的是大型基金。一只总资产接近 10 亿美元的基金亏损了 89%。损失中位数约为 30%。其中一些波动率基金因做空指数期权而亏损，但与 VIX ETN 相比，期权损失似乎相对温和。

首只波动率 ETN 是 2009 年上市的 VXX。它旨在跟踪（假设）30 天 VIX 指数期货的回报。2010 年，XIV 被推出，其目的是提供 30 天 VIX

指数期货空头头寸的回报。上述 2 只产品以及随后的其他类似产品，被证明是非常受市场欢迎的。首先，它们为无法交易期货的投资者提供了一种交易隐含波动率的方式。其次，它们的回报相对可预测，因为 VIX 指数期货具有升水效应。为了维持 30 天到期的名义敞口，VXX 的基金经理必须卖出当月期货合约并买入次月期货合约。大约 80% 的时间内次月期货的交易价格都高于当月，这意味着 VXX 的再平衡过程通常必须低卖高买。相反，XIV 受益于这种效应。因此，从推出到 2017 年底，VXX 已经从份额拆分调整后的价格 107 090 衰减到 27.92，而 XIV 则从 9.56 上涨至 134.44。

反向波动率产品在 2016 年和 2017 年变得更受欢迎，因为此期间标普 500 指数的实际波动率非常低，而期货的升水衰减非常高。2018 年 2 月崩盘之前，该类产品持仓量大幅增加，导致这些产品出现拥挤现象。仅就 VXX 而言，空头头寸从 2013 年底到 2017 年底增加了近 1300%。

很明显，30 天 VIX 指数期货 100% 的涨幅即可使 XIV 净值归零。然而，基金终止的条件（在招股说明书中称为"加速"）甚至都不需要净值归零。从招股说明书来看，

> "……加速事件包括对我们的对冲能力或我们与 ETN 相关的权利产生不利影响的任何事件，包括但不限于日间估算值等于或小于前日收盘估算值的 20% 的情形。"

最终，

> "……你将收到一笔现金支付，其金额（'加速赎回金额'）等于加速估值日的收盘估值。"

必须强调的是，XIV 是一种 ETN，而不是 ETF。ETF 持有构成资产组合的股票、债券、商品，而 ETN 只不过是支付资产组合回报的凭证。是否以及如何对冲支付回报的义务取决于发行人。这意味着，无法直接在 ETN 和其公允价值之间套利，这也导致了周一下午，XIV 的公允价值和价格出现了严重错位。截至收盘，月度期货上涨了 45%，而 XIV 仅下跌了 15%。而就在股市收盘后，VIX 期货当日涨幅达 100%，触发了 XIV 的加速事件。

这种盘后时段的跳涨不是由于任何邪恶的操纵。临近收盘时，ETN 通常对 VIX 的敞口开展再平衡操作。因此，在这一天，做空 VIX 的 ETN 产品需要买入 VIX 期货以减少其敞口，而做多 VIX 的 ETN 产品需要买入 VIX 期货以增加敞口。这种严重的买压造成了严重的买卖不平衡，并进一步推高了期货价格。即使实际产品发行人事前通过掉期进行了对冲，这些协议的交易对手方也需要进行对冲。

教训

▶ 杠杆过高以至于被强制终止交易绝不是好事。

▶ ETN 比 ETF 更危险。

▶ 处于必须进行交易且没有自由裁量权的策略或持有这样的产品是危险的。

▶ 当其他人知道你需要做什么，并且能够推动市场走向不利于你的情况时，甚至更危险。

　　如果有一天你说必须得做点什么时，你就完蛋了。因为你会达成一笔糟糕的交易。

　　　　　　　　　　——比利·比恩，奥克兰运动家棒球队总经理

　　　　　　　摘自迈克尔·刘易斯所著的《点球成金》

交易策略

我为每个优势分配一个 1 ～ 3 之间的等级，其中 3 最佳。这是主观评分，基于实证和理论支持的数量、效应持久性以及相关交易结果的波动性来设定。我还提出了实现每种效果的方法，这些方法也是主观的。

三级信心水平

这些策略是基于已经在许多市场或多个时段内得到充分记录的效应，同时具备令人信服的理论基础，可以构成交易者策略组合的主体部分。

隐含波动率期限结构作为预测指标。 众所周知，商品期货的期限结构是未来回报的预测指标。当商品具有升水的期限结构（到期日较远的期货比近期期货更贵）时，做空期货是有利可图的。当期货处于贴水（距离到期日较远的期货比近期期货更便宜）时，买入期货是有利可图的。本质上，现货价格比期货更能预测期货的价格。到期时，期货价格向现货价格收敛，而这不是理性预期假设所预测的。在理性预期中，期货价格是现货价格未来价值的无偏估计值。如果这是真的，基差将没有预测效力。

这种效应在 VIX 指数期货中也存在。Simon 和 Campasano 提出的证据表明期货价格可以通过基准价格来预测，即如果期货价格高于 VIX 指数点位，期货价格趋于下跌；如果期货价格低于 VIX 指数点位，期货价格将趋于上涨（详见第 4 章）。

VIX 指数期限结构通常在指数点位较低时呈升水状态，点位较高时呈贴水状态。这意味着期限结构通常与 VIX 指数的均值回归相冲突。即使存在升水，均值回归也会鼓励你在 VIX 指数处于较低水平时买入期货。然而，期限结构似乎通常更能预测期货回报，除非 VIX 指数处于非常高的水平。

这可能就是期限结构效应不适用于股票期权收益横截面的原因。Vasquez 发现波动率期限结构处于高度升水状态的多头跨式投资组合的表现优于处于较低升水或贴水状态的跨式投资组合。我的猜测是，这是因为股票领域包含了足够多的极端案例，使均值回归占据了主导地位。

至少在我们有数据可查的时候，这种效应就一直存在于商品期货中，这表明这是一个定价错误的风险溢价。凯恩斯 1930 年提出的现货升水理论表明，生产商持有期货空头以对冲价格下跌。他们准备为这一保险支付保费。但是，你也可以提出完全相反的观点：消费者持有期货多头头寸，以对冲未来价格意外上涨的风险。因此，消费者应该支付保险费。辩论还在继续。

交易策略

当期限结构处于升水状态时，卖出 VIX 指数期货或指数期权。当期限结构处于贴水状态时，买入 VIX 指数期货或指数期权。

期权和基础因子

现在人们普遍接受某些因子可以预测未来的股票回报的看法，这就是聪明 Beta 背后的理念。价值股跑赢成长股，小盘股跑赢大盘股，低 Beta 股票的表现优于高 Beta 股票，高动量股票的表现优于低动量股票，优质股票的表现优于劣质股票。

因子投资并非新理念。相关学术研究始于 Treynor、Sharpe、Lintner

和 Mossin 提出的资本资产定价模型（CAPM），该模型表明个股收益受全市场收益驱动。Ross 的套利定价理论（APT）扩展了这个想法，模拟了由许多不同因子驱动的股票收益。不幸的是，该模型没有说明这些因子是什么，但 APT 为因子投资的想法提供了坚实的理论基础。一旦建立了理论基础，就可以测试和探索其含义。这导致学者们发现了许多不同的投资因子或"异常现象"（之所以如此命名，是因为它们不适用于 CAPM 的世界）。

更鲜为人知的是，类似的基本面因子也能够预测波动率收益。与波动率相关的因子研究数量少于论述聪明 Beta 股票回报的文献，同时，不幸的是，研究人员并没有研究完全相同的因子。

我开展了构建期权交易策略的研究，策略基于 P/E（市盈率，或者说是当前股价除以上一年的每股收益）、P/B（市净率，或者说是当前股价除以上年每股账面资产）、ROA（资产收益率）、ROE（净资产收益率，或所有负债清偿后的资产回报率）、市值（公司流通股的美元价值）、D/E（债务 / 权益比率）和 P/CF（股票价格 / 上一年每股现金流比率）等指标构建。

样本股票范围是排除金融公司后的标普 100 指数成分股。由于金融公司的业务是建立在提供贷款的基础上的，单纯地应用会计指标可能会造成对金融公司的误导。金融公司的"资产"实际上是负债，这使事情变得混乱。样本时间段是从 2000 年初到 2012 年底。期间的每周五，根据估值指标对所有股票进行排名，然后根据排名形成期权投资组合，即卖出处于最高 25% 分位区间的股票的跨式组合，买入排名处于最低 25% 分位区间的股票的跨式组合。具体来说，我们交易次月到期的平值跨式策略。每笔交易的名义规模为 10 000 美元。例如，对于一只价格为 100

美元的股票，我们将交易一个跨式（每个跨式包括100股，每股价值100美元）策略。相应地，对于50美元的股票，我们将交易两个跨式策略。在标准的组合策略保证金下，交易整体规模的保证金约为100 000美元。如果采用组合保证金的话，保证金会少得多。持有这种投资组合为期一周，然后重复这个过程。

市盈率跨式交易结果

- ▶ 买入低市盈率股票期权，卖出高市盈率股票期权。
- ▶ 平均每周盈亏：294美元。
- ▶ 最佳周收益：21 111美元。
- ▶ 最差周收益：-8 111美元。
- ▶ 夏普比率：1.03。

市净率跨式交易结果

- ▶ 买入高市净率股票期权，卖出低市净率股票期权。
- ▶ 平均每周盈亏：48美元。
- ▶ 最佳周收益：12 094美元。
- ▶ 最差周收益：-7 246美元。
- ▶ 夏普比率：0.24。

市值交易结果

- ▶ 买入高市值股票期权，卖出低市值股票期权。
- ▶ 平均每周盈亏：355美元。
- ▶ 最佳周收益：15 532美元。

▶ 最差周收益：−23 077 美元。

▶ 夏普比率：1.17。

股票价格/上一年每股现金流比率跨式交易结果

▶ 买入低股票价格 / 上一年每股现金流比率股票期权，卖出高股票价格 / 上一年每股现金流比率股票期权。

▶ 平均每周盈亏：198 美元。

▶ 最佳周收益：22 235 美元。

▶ 最差周收益：−13 637 美元。

▶ 夏普比率：0.71。

债务/权益比率跨式交易结果

▶ 买入高债务 / 权益比率股票期权，卖出低债务 / 权益比率股票期权。

▶ 平均每周盈亏：338 美元。

▶ 最佳周收益：25 382 美元。

▶ 最差周收益：−5 292 美元。

▶ 夏普比率：1.16。

净资产收益率跨式交易结果

▶ 买入高净资产收益率股票期权，卖出低净资产收益率股票期权。

▶ 平均每周盈亏：361 美元。

▶ 最佳周收益：16 922 美元。

▶ 最差周收益：−19 102 美元。

▶ 夏普比率：1.20。

资产收益率跨式交易结果

▶ 买入高资产收益率股票期权，卖出低资产收益率股票期权。

▶ 平均每周盈亏：220 美元。

▶ 最佳周收益：16 539 美元。

▶ 最差周收益：–21 702 美元。

▶ 夏普比率：0.72。

市净率策略的交易结果令人失望，但其他策略表现不错。交易结果可以简单概括为，尝试在具有以下这些特征的股票中做多波动率（或期权）：

▶ 低市盈率。

▶ 低股票价格 / 上一年每股现金流比率。

▶ 高市值。

▶ 高净资产收益率。

▶ 高资产收益率。

▶ 高债务 / 权益比率。

除高债务 / 权益比率外，上述特征都是"价值"股票的经典指标。这是一个奇怪的异常。高债务 / 权益比率（或高杠杆）意味着更高的破产风险，显然是该股票的高波动性事件。然而，这些都是想必破产可能性很低的大公司。同时，高杠杆可能意味着债券市场看到了公司的价值。解开这个难题需要进一步的工作。这种效应在较小的公司中还成立吗？杠杆以什么方式达到当前水平是否重要？股票价格下跌导致的高杠杆与新发行债券导致的高杠杆很可能非常不同。债务的信誉是否比债务的绝对规模更重要？

我们可以结合我们的发现，构建做多"价值"股票波动率、做空"成长"股票波动率的期权组合。为此，我们首先创建一个综合排名，排名由 1/6 的市盈率排名加上 1/6 的股票价格 / 上一年每股现金流比率排名等构成。这一组合结果如下：

资产组合跨式交易结果

- ▶ 平均每周盈亏：476 美元。
- ▶ 最佳周收益：18 963 美元。
- ▶ 最差周收益：−9 429 美元。
- ▶ 夏普比率：1.44。

Cao 等（2015）做过相似的研究。他们研究了 1996 ～ 2012 年间经 Delta 中性对冲的美国股票期权回报。他们发现，做多波动率持仓的利润与规模、动量和公司盈利能力呈正相关关系，与持有现金、分析师预测分散度和新股发行呈负相关关系。上述期权回报率独立于任何相关标的的可预测性。

他们的研究表明，投资组合的盈利能力按十分位数排列。多空 10/90 投资组合的月收益率约为 3% ～ 5%。（像往常一样，这是根据持仓的名义价值计算的，对多头持仓有意义，但对空头无意义。对于空头而言，基于风险的保证金将是更合适的计算收益率的分母。）夏普比率在 0.6 ～ 2.0。

沿着这些方向还有很多工作可以做，这项研究提出了很多问题。例如，当应用于期权交易时，这些不同的价值测度彼此之间有多独立？这些结果是否独立于时间序列分析的结果？在不同行业组别中，结果将如何变化？

一如既往地，广泛的现象比特定的实现更重要。最好的交易现象的方式可能是建立因子投资组合，而非按单因子排序。或者，基本面因子可用于直接预测波动率。基于聪明 Beta 的期权交易仍然是一个新的、未经探索的想法，但它可能是一个比尝试改进基于时间序列的预测更有前景的途径。

总的来说，对于因子收益为何存在，有两种观点：风险和投资者行为。风险学派认为，收益只是对承担某种风险的回报。例如，股票市场溢价是由于相对债券，持有股票具有更大的不确定性。这种解释非常符合主流经济学理论，但有时很难弄清楚究竟是什么风险被补偿了。举个例子，波动性通常与风险有关，但历史上低波动性股票的表现优于高波动性股票。行为学派的解释则主张，投资者系统性地做出导致这些异常的决策。同样，这些论点在某些情况下似乎比在其他情况下更有说服力。例如，动量具有合理的行为根源，但在其他情况下，试图确定某个因子的心理学上的起因似乎只是在寻找一个令人满意的解释，而不是做真正的科学研究和遵循数据。这些解释总结在表 5-1 中。

股票市场的聪明 Beta 是源于行为偏差还是风险溢价导致的无效，目前仍有争议。并且即使该争议得到解决，相应的波动率效应可能仍会引起争论。然而，我将把未来的主要研究精力放在应用因子分析做期权交易上。这是一个新领域，风险和不确定性很高，但我肯定，研究这个比尝试从时间序列方法中抓取又一微小改进更好。

表 5-1   聪明 Beta 因子的假定风险和行为原因

因子	风险解释	行为解释
规模	规模更小的公司更难以渡过困难时期，业务多样性更低	规模更小的公司通常更少被分析师关注，导致了投资者的不确定性
价值	便宜股票往往来自那些宏观经济衰退时期表现最差的公司	投资者过多关注近期股价表现，过度担心陷入困境
动量	动量可能导致泡沫和闪崩	反应不充分：新信息不能立刻在价格中体现
质量	高质量公司更难提高，可能只有下降空间	高质量公司可能是"好得让人难以置信"

盈余公告后价格漂移

盈余公告后价格漂移（PEAD）是股价朝着盈利与预期不符所导致的方向变动的趋势。Beaver 在 1968 年首次研究了这种效应，他表明价格会对盈余公告中的信息内容做出反应。Ball 和 Brown 发现有证据表明股票收益会继续朝着与预期外收益相同的方向漂移。也就是说，在盈余公告出现正面（负面）的盈利不符预期后，股价往往会上涨（下跌）。这并不十分令人震惊。出乎意料的是，这种超额收益并不是突然发生的，而是在三个月内积累起来的。股价确实包含了这些消息，但反应缓慢。事实上，股价反应如此缓慢，以至于该效应是可以被交易的。这种效应与有效市场概念不一致，在有效市场中，收益报告中包含的信息应迅速被纳入价格，但即使是有效市场假说的发明者之一也承认异常现象的存在。

他在摘要中写道，"当有适度的交易技术改变"或"用其他方法衡量它们时，多数长期回报异常现象趋于消失"，但他总结道，"哪些异常是无可置疑的？盈余公告后的效应……经受住了稳健性检验，包括可以应用到最近的数据上"。他还写道，PEAD 是唯一"无可置疑"的异常。

早期研究集中在盈利的变化上。但在 20 世纪 80 年代，出现了分析师一致预期收益。这使得盈利的意外程度被定义为公告的每股收益与一致预测之间的差异率。根据差异率对股票进行排序得到了相同的结果。此外，盈余公告的影响似乎不仅限于一眼可见的每股收益（EPS）。收益报告创造的动量是初始价格变动后对整个公告的跟进行为，而非针对单一的会计数据。

Bernard 和 Thomas 表明，漂移经风险调整后仍是稳健的，不能归因于市场摩擦，也并非由模型错误、标准风险因素或研究设计的缺陷引起。这些结论在随后的许多研究中得到了验证。比起风险溢价，PEAD 似乎更可能是由市场无效引起的。

有证据表明，PEAD 在那些晚于直接竞争对手公布业绩并且收益远超对手的公司中最为明显。

该效应出乎意料得稳健。基于与盈利预测不符程度构建的多空股票资产组合的年收益已有 9% ～ 27%，收益的区别取决于排序方法（十分位数、四分位数等）、盈利预测不符的定义，以及收益率是原始收益率还是根据行业、Beta、规模、价值和动量进行了调整的收益率。

许多研究都表明异常漂移发生在几个月的时间里。对于几乎所有的漂移，小公司持续 9 个月，大公司持续 6 个月。同时，这种不成比例的异常回报发生在盈余公告后的 5 天内（小型公司收益为 13%，中型公司为 18%，大型公司为 20%）。

很遗憾，目前仍不清楚这种异常现象存在的原因。

人们提出了许多行为解释。如果该效应主要是由心理偏误引起的，那么 PEAD 是一种市场无效而非风险溢价。一些研究表明投资者的过度自信导致了投资者心理锚定于盈余公告前的股价，而对新的信息的接受很慢。

另一种可能性是投资者没有时间和资源来快速处理新信息。Della Vigna 和 Pollet 假设，这种效应在周五投资者关注度最低时更为明显。尽管这似乎是数据挖掘的延伸或事后证明，但根据周五公布财务报表的股票构建的多空投资组合的表现确实优于其他日期公布的股票的投资组合（随后 75 个交易日收益率为 9.76% 对 5.14%）。Hirshleifer 等也认为信息处理能力是出现异常的原因之一。他们表明，在其他公告较少的日子宣布盈余公告的股票构成的对冲投资组合表现不如在公告较多的日子宣布盈余公告的股票投资组合（季度收益为 2.81% 对 5.37%）。

Bartov 等表明，机构持股比例高的公司 PEAD 较低。他们认为，这是由于这些被认为更老练的投资者吸收新信息更快。相似地，Taylor 表明，当散户投资者对最初的股价跳动进行反向交易时，异常最大。此外，他还发现 PEAD 的规模和交易成本之间存在正相关关系，据推测，由于大户具有更先进的执行方法和更广泛的流动性来源，交易成本对大户的阻碍相对较低。

还有一些解释将 PEAD 归因于风险因素。如果这是真的，那么盈利超出（不及）预期的公司在盈余公告发布后变得风险更大（风险更小）。众所周知，在经典金融学中，收益较高的股票风险较高，如果我们正在寻找理性预期的解释，我们需要接受这一点。更难解释的是，为什么在盈余公告发布后，股票的风险会立即升高。尽管有研究尝试这样做，但尚未发现令人信服的支持证据。

总之，可得的证据表明，PEAD 是一种市场无效，是非常持久的现象。

交易策略

由于隐含波动率在盈余公告发布后往往相对便宜（尽管这不足以使得 Delta 中性波动率策略能获利，此效应可以用于做多交易。对于盈利超出预测的股票，做多短期 Delta 为 0.4、0.1 的认购牛市价差策略通常是便宜的利用 PEAD 效应的方式。对于熊市情形（盈利不及预测），Delta 为 0.5、0.2 的认沽熊市价差策略可达到相同效果，同时卖出了隐含波动率曲线最贵的部分之一。

另一方式是卖出备兑认购期权或认沽期权。尽管所获的方差溢价并不显著，这一方法可在价格漂移发生时保证盈利。

二级信心水平

下述策略不如三级信心水平那样有保障。它们可能缺乏实证经验或理论支持，或某种程度上仅可提供相对更有限的机会。尽管如此，交易员仍有理由自信运用这些策略。

盈余公告时期交易股票期权

临近到期时，隐含波动率几乎总会在标的公司盈余公告发布前几周明显上涨。公告后，隐含波动率将明显降低。这一效应至少从 1979 年开始就已经为人所知。

盈余公告前买入期权有利可图。即使在期权价格并未上升时，隐含波动率的上升也使得一开始的做多十分便宜，Vega 盈利抵消了多数的时间价值衰减。

我在 2013 年的研究中对该效应开展了检验。运用 2005 年第一季度至 2010 年第三季度 73 只大盘股的数据，在盈余公告日前 10 天买入当月到期的平值跨式策略，得到以下结果：

▶ 43% 的交易是获利的。

▶ 盈利规模 / 亏损规模为 1.7。

▶ 交易结果正偏（偏度为 5.4），厚尾（超额峰度为 76.6）。

设每笔交易名义规模为 10 000 美元，得到累计盈亏曲线如图 5-1 所示。

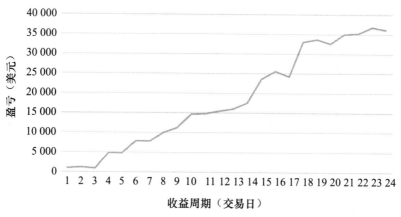

图 5-1　买入跨式策略交易结果

Gao 等完成了更为全面的研究。他们在盈余公告前 3 天买入了 Delta 中性跨式策略。1996 ～ 2013 年，在盈余公告发布前一天卖出的收益率为 1.9%，发布当天卖出的收益率为 2.60%，持有至公告后一天的收益率为 1.98%。（所有这些收益均运用市场中间价格计算。）这些时间段并非完全独立。一些公司在盘前发布盈余公告，另一些在收盘后发布。所以第二组包括盘前发布和盘后发布的公司。值得注意的是，在盈余公告发布后持有跨式策略一整天的收益率低于在发布日当天卖出。这表明盈余公告发布后跨式策略的收益为负。

作者没有对收益公布后的时期开展单独的研究。但应用我稍小一些的样本，我直接检验了卖出波动率策略。尽可能地接近盈余公告日卖出当月跨式策略，寄希望于隐含波动率急剧降低，以补偿标的价格的变动。

结果如下：

▶ 64% 的交易是获利的。

▶ 盈利规模 / 亏损规模为 0.69。

▶ 交易结果负偏（偏度为 –5.4），厚尾（超额峰度为 12.2）。

设每笔交易名义规模为 10 000 美元，得到累计盈亏曲线如图 5-2 所示。

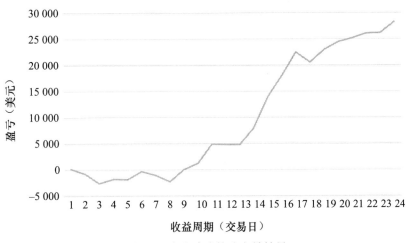

图 5-2　卖出跨式策略交易结果

关于该效应的公开文献不多，而我的研究的样本量很小，由此得出任何关于该类交易的盈利能力结论是危险的。这一策略似乎还有一个小趋势，用于高市盈率股票则表现不佳。文献表明，成长和价值股票确实对盈余公告反应不同，这一影响可能是相关的。然而，上述差异很小，以至于大概可以忽略。

期权策略的盈利能力和行业或公司规模没有明显联系。然而，分析师预测分散度［定义为（高预测值－低预测值）/ 平均预测值］和盈利能力之间存在联系。交易分析师预测分散程度较高的股票更有利可图。高分散从字面意义上意味着分析师在未发布的盈利数据上不能达成一致，反映出了不确定性。无论多头还是空头，具有优势的期权交易盈利能力通常与不确定性有关。

其他不确定性的标志是更高的历史波动性、更大的历史盈余公告意外和更波动的盈余公告意外，该策略在这些情况下也表现得更好。Gao等还发现，该策略在分析师覆盖较少的股票中更有利可图。

这可能有两个原因。高不确定性导致隐含波动率上升更多，因此我们将以更好的价格卖出期权。但我们也受益于因盈余公告发布而发生的股价实际走势的不确定性。消息一出，股价就会波动。新闻是出乎意料的东西。不确定性意味着没有一致的预期。如果没有就预期结果达成一致，就不会有"惊喜"。

盈余公告发布前买入跨式策略有利可图，使得这一现象不太可能由风险溢价引起。Gao等假设，对不确定性低估的原因是难以从稀疏、嘈杂的过往信息中提取信号。这似乎合理。

将该效应分割为盈余公告前隐含波动率增加、盈余公告后隐含波动率暴跌和股价调整，可以更容易地找到可能的解释。盈余公告发布前的情况似乎由类似 PEAD 的因素驱动。也就是说，投资者只能缓慢且低效地处理来自先前盈余公告结果的信息。这与分析师覆盖率和预测分散度的联系是一致的。然而，与 PEAD 的情况不同，没有进一步的研究来检验这个想法。盈余公告发布后卖出跨式策略的盈利能力可能是由于模糊厌恶（ambiguity aversion）。但是同样，还没有得到独立验证或研究。

该策略的空方在近期（2016 ～ 2018 年）表现不佳。我认为这很可能是暂时的、受方差驱动影响的较差的表现时期。通常，在不确定性情形发生前卖出期权是好交易。我仍认为这点适用于该策略。正如任何一家赌场所知，有时顾客必须赢，不然他们就不会回来了。

交易策略

对于多方，买入覆盖盈余公告日距到期最近的跨式策略。或者，如果波动率微笑相对扁平，宽跨式策略是风险更高、收益更高的做法。

对于空方，卖出覆盖盈余公告日距到期最近的跨式策略。盈余公告日后，要么买回跨式策略（通常在交易盈利时优选），要么，如果标的股票价格变动大，完全对冲亏损的一边。由于 PEAD 的存在，过度对冲交易通常会奏效，而且短期期权没有给股票足够时间逆转。盈余公告数据超出最极端预期的股票最不可能出现逆转。

隔夜效应

指数方差溢价是通过隔夜实现的。Muravyev 和 Ni 2018 年写了一篇论文研究了这个问题。虽然众所周知，指数期权的回报是负的（按照标普指数的实际溢价下跌计算，每天约为 –0.7%），但事实证明，所有这些都来自隔夜衰减。具体来说，Delta 对冲的期权隔夜收益率为 –1%，日内收益率为 0.3%。这种反常现象适用于所有到期期限和行权价格的期权，也适用于股票期权。

这部分可以通过隔夜收益率比日内收益率波动小来解释（自 2000 年以来，标普指数隔夜和日内的年化波动性分别为 10.4% 和 15.9%）。这种影响是与错误定价的方差溢价一样的风险溢价。在无法交易或流动性差的时段，风险要高得多。我们因下注承担风险而获得报酬，风险是如果市场向着不利的方向变动，我们也不能完全退出或对冲。

交易策略

由于交易成本的存在，隔夜做空期权并在白天平仓是不切实际的。相反，从中获利的最好方法是卖出到期时间非常短，但包括尽可能多隔夜时间的期权。例如，与其在到期日早上卖出日内期权，不如在前一天卖出它们。

美国联邦公开市场委员会和波动率

对股票来说，最重要的消息是盈余公告发布。对于美国整体市场来说，与之对应的是美国联邦公开市场委员会（FOMC）的货币政策决定。而且，就像公司盈余公告发布会导致事件发生前的可预测价格漂移和事件发生后的波动性大跌一样，类似的现象也发生在 FOMC 公告前后的市场。

在"当没有消息就是好消息时：FOMC 公告后投资者的恐惧减少"一文中，Fernandez-Perez 等人表明，VIX 指数和 VIX 指数期货在 FOMC 公告后明显下降。

他们在摘要中说，"我们发现 VIX 指数和 VIX 指数期货在 FOMC 公告后立即开始下跌，并且这种下跌在公告后持续了大约 45 分钟。VIX 指数在公告日大约下降了 3%，而最临近到期的 VIX 指数期货合约则在公告前后下降了约 1.4%"。

其他人也得到了类似的结果。Nikkinen 和 Sahlström 显示，FOMC 公告、居民消费价格指数（CPI）和工业生产者出厂价格指数（PPI）发布以及非农就业报告之后，VIX 指数有所下降。Chen 和 Clements（2007 年）以及 Vähämaa 和 Äijö（2011 年）复制了关于 VIX 指数的结果。Gospodinov 和 Jamali（2012 年）发现隐含波动率和实际波动率在报告发布后和任何初始市场反应后都有所下降。Fuss 等人（2011 年）显示，德国股票的隐含波动率在国内生产总值（GDP）、居民消费价格指数（CPI）和工业生产者出厂价格指数（PPI）数据公布后下降，而 Shaikh 和 Padhi（2013 年）也在印度市场证实了这一效应。

与股票盈余公告收入相关的波动率大跌必须用期权来交易。隐含波动率将在新闻发布后大跌，但部分通常会被实际波动率的增加所抵消。用 VIX 指数期货交易与 FOMC 相关的隐含波动率大跌避免了这个问题。我们可以用隐含合约来交易隐含效应，且没有实际波动率的敞口。

为什么隐含波动率会大跌？ Ederington 和 Lee 认为，预先安排的新闻发布消除了不确定性，公告会继续降低未来的不确定性程度，隐含波动率从而留在了市场中。

这种效应可以与方向性异常相结合来交易。股票市场在公告日的收益率可以比平日的收益率大 30 倍左右。令人惊讶的是，这些超额回报大多发生在公告前。在公告发布前的一天半时间里，股票往往会强劲反弹。

很难想出令人信服的基于风险的理由来解释这些回报。虽然在公告期内持有股票的投资者面临跳跃风险，但超额回报主要发生在公告之前。

因此，有可能在新闻发布前卖出股票，并在不承担风险的情况下获得回报。此外，在公告发布前，实际波动率低于平时。在产生超额收益的时期，市场风险实际上低于正常水平。

似乎更有可能的是，这是与个股盈余公告前的漂移对应的整体市场版本。在这种情况下，投资者如果购买股票，则是因为出现了吸引眼球的事件。

交易策略

在美国联邦公开市场委员会公布数据前两天买入标普 500 指数期货。在公布前卖出，同时卖出 VIX 指数期货。在公布后的 45 分钟内，将空头 VIX 期货平仓。

周末效应

股票期权在周末的衰减程度超过预期。方差溢价可能是期权交易中最重要的影响因素。平均而言，期权定价过高。但是溢价并不是持续累积的，有些时期比其他时期要好。特别地，期权在周末比其他同等时间段损失更多的价值。

做市商对此争论已久。一方认为卖出期权以"收集 Theta"是明智的。另一方则认为这种想法是愚蠢的，因为只有在一方处于信息劣势的情况下才会存在优势。每个人都有日历，那么为什么会有纯粹由于时间的流逝而产生的优势？市场会正确定价周末持有期权的风险。

"更明智的"交易员们属于后者。然而他们错了。期权市场并没有为周末的时间衰减正确定价。在周末卖出期权是有利可图的。

Christopher Jones 和 Joshua Shemesh 在 2017 年研究了这个问题。他们

观察了 1996 ~ 2007 年美国股票的多头期权投资组合的收益率，并发现周末的平均收益率是负的（–0.62%），而其他所有日期的收益率都是略高于零（一天 0.18%）。

在确定了周末的收益率明显低于其他日期的收益率之后，作者们继续研究包括长周末在内的其他假期。他们的假设是，这种影响与无法交易直接相关，这意味着较低的收益率也会与其他假期相关，而且这种影响在长周末会更强烈。这一切似乎都是对的：无论何时只要市场关闭，股票期权的收益都是负的。这种影响的存在似乎是因为做市商没有正确调整周五的隐含波动率以体现即将到来的周末。

这种影响是显著的。卖出许多只个股期权则没有普遍优势（股票期权与指数期权不同，指数期权通常用于指数的杠杆交易），所以这是全新的效应，而不是单纯的时机问题。此外，这种效应在不同年份是一致的，并且投资组合的具体构建方式也是相对稳健的。

指数、债券和商品期权也可能存在同样的效应，但这一点还没有得到验证。

交易策略

周五，卖出下周一到期的期权。一般来说，制定任何做空波动率的策略都要包括尽可能多的非交易时段。

波动率风险溢价的波动性

标的波动率的高波动性导致期权往往定价过高。这在截面上和时间序列上都真实存在。在截面上，相对于波动率具有低波动性的股票期权，波动率具有高波动性的股票期权价格过高；在时间序列上，VIX 指数往往在 VVIX 指数[⊖]达到非常高（低）的数值之后下降（上升）。

这种效应的第一个实证研究是由 Ruan 在 2017 年完成的。利用 1996～2016 年的美国股票期权数据，他根据股票的平值隐含波动率的波动性对股票进行排名，结果发现 Delta 中性期权多头头寸和波动率的波动性之间存在强烈且持续的负相关性。

Cao 等人在 2018 年独立进行了一项类似研究，他们也研究了美国股票期权。同样，使用 1996～2016 年的数据，他们发现，在波动率不确定的情况下，多头期权头寸 Delta 对冲收益会减少。无论他们使用隐含波动率、来自日回报的时间序列波动率［具体来说是指数广义自回归条件异方差（EGARCH）］或高频波动率，结论都成立。结果在特质波动率、跳跃、期限结构、隐含 – 实现价差、流动性、分析师覆盖率和 Fama-French 因子方面是稳健的。他们还表明，这种影响主要是由正向波动率运动的波动性驱动的，而负向波动率运动的波动性的影响则可以忽略不计。

这些研究除了波动性溢价的单独波动性之外，几乎没有为这种效应做出其他解释。Ruan 仅指出，"投资者确实不喜欢个股波动性的不确定性。因此，他们愿意支付高溢价来持有具有高波动性的波动率的期权"，没有任何支持性论据。Cao 等人推测做市商对波动率不确定性高的期权收取更高的溢价，因为这些期权更难对冲。这可能是一部分原因，但它没有考虑到时间序列上的结果，即波动率的高波动性预示着随后的隐含波动率的下降。这种效应是独立于对冲问题的。

高 VVIX（由 VIX 期权得出的无模型隐含波动率）与随后较低的 VIX 水平之间有非常强的关系。使用 2007～2018 年的 VVIX 数据，我计算

⊖　VVIX Index（Volatility Index of VIX）指的是 VIX 的波动率指数，由 VIX 期权得出的无模型隐含波动率。——译者注

了滚动 1 年的 VVIX 的 90% 分位数。向前看，如果 VVIX 越过这个水平，我就"卖出" VIX 并"保持仓位"，直到 VVIX 达到其滚动 1 年的中位数。这产生了 31 次模拟交易，总的"利润"是 108 点，有 27 次交易获利。买入"10% 分位数"也是"有利可图"的，在 35 次交易中赚了 62 点，其中 26 次获利。显然，这个特别的想法不能被实施，因为 VIX 不是可交易产品，但我把它包括在内，以表明极端 VVIX 是一个足够预测 VIX 的指标（然而，如果我们交易 VIX 期货，这个想法仍然是有利可图的）。目前还没有尝试过优化，如果我们使用不同的回溯期或移动平均线而不是中位数，也是可行的。

其他人也（更为严格地）对这一效应进行了研究。Huang 等人在 2018 年表明，波动率的波动性显著地负向预测了 Delta 对冲期权多头的回报。Park 在 2015 年表明，高水平的 VVIX 提高了标普 500 认沽期权和 VIX 认购期权的价格，并降低了它们在接下来 3 ～ 4 周内的回报（与我的简单测试中的平均持有期相似）。他推测，这种影响是由"随时间变化的崩盘风险因素的风险溢价，或随时间变化的对波动率不确定性的不确定性溢价"引起的。这两种解释都是合理的，但目前还没有独立证据证明。

交易策略

当 VVIX 达到极高（低）水平时，卖出（买入） VIX 指数期货或卖出（买入）并动态对冲标普 500 指数的跨式期权组合。

一级信心水平

三级信心水平的策略应该构成交易操作的核心。但那些我认为是真实的但只给出一级信心水平的想法也很重要。基于市场无效性的交易，在其证据尚不充分的情况下，将是最有利可图的。许多市场无效无法存在足够长的时间以达到我要求的三级。因此，尽管我不会将大量投资组合分配给这些想法，但它们仍然可以带来盈利。

它们还提供了一种应对冒险欲望的方法。许多交易者过度交易，需要始终参与市场。与其否认这种倾向，不如接受它，并学会适应这种需要，通过改进仍有预期优势的小型交易来满足这一需求。一级交易是这方面的完美选择。这就像节食时的"欺骗餐"的想法。与其试图严格地坚持节食，不如接受诱惑的存在，并安排定期的时间可以吃垃圾食品。节食会增加食欲。有可靠的心理学研究表明，包括欺骗餐在内的节食者比不包括的人做得更好。我认为活跃的交易者会受到过度交易的诱惑，而欺骗交易也能帮助他们。

请记住，无论是在节食还是在交易中，欺骗都要尽量少一些。如果每一餐都是欺骗餐，你就不是在节食，只会变得肥胖；如果每次交易都是投机性的，你就不是一个有纪律的交易者，只会亏钱。

盈利导致的逆转

盈利导致的逆转是指那些在盈余公告发布前价格漂移幅度较大的股票，在消息爆出后会逆转之前的漂移。So 和 Wang 在 2014 年首次研究了这种效应。他们使用 1996 ～ 2011 年的美国股票数据，创建了一个交易策略，在盈余公告前四天到盈余公告前两天期间，做空市场调整收益率高的股票，做多那些公告前市场调整收益率最差的股票。（这个看似奇怪的时间段是为了让他们能够在公告前一天的收盘时进行交易，而在选择投资组合时不使用交易价格。显然，使用日内数据的交易员可以使用不同的时间段，而不会"欺骗"。）在公告后当天收盘前对投资组合进行平仓，他们发现这个投资组合赚了 145 个基点，而一个类似的投资组合在非盈余公告期赚了 22 个基点。

Jansen 和 Nikiforov 在 2016 年也做了类似的研究。仅仅是持有盈余公告前一周有大百分比变动的股票，在 2 天的时间里平均就有 1.3% 的回调收益。

Jansen 和 Nikiforov 推测，该效应是由于投资者在盈余公告前的过度反应造成的。个人投资者担心他们错过了信息，并按照价格变化的方向进行交易，从而助长了这种趋势。在盈余公告发布后，对不了解信息的恐惧消失，盈余公告前的变动也会被认为是过度的。这可能是真的。在体育博彩中也可以看到类似效应，当"趋势追逐者"怀疑聪明资金在推动价格变化时，就把赌注押在赔率降低的球队上。但在我确信这是市场无效之前，还需要做更多工作。目前的统计数据是无可争议的，但其原因却近乎是个谜。

交易策略

我对公告发布时隐含波动率的大跌比对这种逆转效应更有信心。因此，当同时交易这两种效应时，我会卖出一个跨式期权，如果想同时押注逆转，就会控制 Delta。

盈余公告前价格漂移

盈余公告前价格漂移是指股票朝着同行业中较早公告的股票所经历的任何与公告相关的异常变动的趋势移动。Ramnath 在 2002 年首次研究了这种效应，他调查了每个行业（1997 年 Fama 和 French 确定的 30 个行业）中第一个发布公告者的信息如何影响后发布公告者的价格。他发现，行业中最早发布公告的公司，其公告信息既能预测该行业其他公司的盈余公告意外，也能预测回报。

这一效果后来被 Easton 等人在 2010 年证实，他们不仅使用了每个行业的第一个公布者，还使用了所有早期盈余公告公布者的效果。

漂移从较早公布盈余公告的公布者披露开始，一直持续到后面的公司发布盈余公告。这种影响高于行业 Beta 值，而行业 Beta 值衡量的是收益之间的正常关系。如果早期公布的股票都反弹了，我们会预期后期公布的股票也会由于行业因素反弹。盈余公告公布前的漂移是除行业外的另一种效应。

对盈余公告前异常的研究不如对盈余公告后异常的研究多，所以证据相对较弱，而且不清楚是什么导致了这种漂移。与 PEAD 一样，盈余公告前的变动可能是由于对新信息（相关公司的公告）的反应不足。这可能是投资者的过度自信导致他们被锚定在盈余公告前的价格上，而对新信息的吸收却很缓慢。在我们对这个解释有信心之前，还需要更多的研究。但没有明显的风险因素可以解释这种漂移，所以我暂且说，这也是一种市场无效。

交易策略

由于我们也预期隐含波动率会在盈余公告发布前的时间内增加，所以任何波动率多头的方向性策略都是合理的。例如，如果我们预期会有回升，我们可以买入认购期权或认购期权价差。我的偏好是 Delta 为 0.5、0.2 的 1 个月期认购期权价差。但可以选择不同。

本章小结

交易优势一旦公开就会消失的说法过于简单化。市场吸收新交易量的能力各不相同。已公布的优势在标普 500 指数市场会比在大豆市场持续更久。此外，拥挤效应会以不同的方式影响不同的策略，而风险溢价会比市场无效更持久。

除非特别指出，本章中列出的优势直到现在还很稳健。它们规模很可能会缩小甚至消失，但我们有一个相当基本的选择：选择过去有效的结果并希望它继续下去，还是选择做过去会亏钱的事情呢？这些都由你选择。

本章要点

▶ 许多波动性交易的优势涉及在不确定的情况下卖出期权。这可以被看作一种额外的、情景性的方差溢价。

▶ 由于方差溢价的存在，波动率多头策略不太可能像那些涉及卖出期权的策略那样具有优势。

第 6 章

波动率持仓

期权了不起的地方之一是能够以多种方式来表达同一观点。但是，这也使得期权变得复杂。能够以多种方式表达相同观点并不意味着这些方法都同样好。其中的不同不可小觑。有些方式会比另一些糟糕得多。

我们将在此章中比较那些主要用于表达波动率观点的期权持仓。我们将用几何布朗运动的方法和历史数据这两种方法来观察可能的收益回报分布。我们也会观察在标的价格漂移时产生的影响。我们主要通过卖出波动率的角度来阐释，但也会对买入波动率做一些拓展。

在所有模拟中都假设建立持仓并持有到期。现实中，我们往往有机会在到期前平仓。但是，有以下理由可以让我们理解最终损益（盈利／损失）分布的重要性。

▶ 调整后（对冲后）的持仓也可能会突然遭遇和未调整持仓同样的问题。

▶ 特别短期的期权（取决于市场流动性，期限可以是周、日或小时）的对冲意义不大。

▶ 实际调整过程取决于交易者，不同交易者有不同调整过程，因此不可能被模拟。

编外语：调整和"恢复"持仓

"恢复"是一个危险的错误命名。第一，在其他情形下，恢复是指回到原状态。但在交易世界，它通常是指将失败交易转变为成功交易。这是个反复产生的错误想法，是不可实现的。损失已经体现在你的账户中。这部分钱已经没了。忘记最初的交易并问问自己，"根据现在所知，我想要什么样的持仓？"然后去构建那样的持仓。此时的交易和原本的交易完全独立。对于成功的持仓同样需要做这件事。这些盈利产生在过去。现在你还喜欢这样的持仓吗？如果不，请做些别的。

当持仓不再匹配你的预测或观点时，你应该去调整持仓。不管过去的它曾给你带来怎么样的收益或损失，这一点都成立。

跨式和宽跨式

两个最基本的卖波动率方式是卖出跨式和卖出宽跨式期权组合。期望的持仓盈利可以简单计算出来，即卖出波动率的持仓价值，减去已实现波动率的持仓价值，或者用 Vega 表示如下：

$$P/L = \text{Vega}(\sigma_i - \sigma_r) \qquad (6\text{-}1)$$

但这并不是全部。没有对冲的期权持仓不会依赖标的路径，但持仓收益仍然和标的收益相关。期权定价时与标的收益无关，但期权持仓最终回报很大程度上依赖于标的收益，甚至完全无漂移的过程有一些时期也会呈现趋势。

此外，卖出期权的收益最多为获取的权利金，但损失可能无限。这表明，所有期权空头的持仓损益分布将有很大的负偏态。

　　因此，我通过模拟评估了这些策略。卖出 1 年到期的平值期权的跨式组合，其中标的价格为 100 美元，期权隐含波动率为 30%，并以 30% 的已实现波动率作为参数模拟了 10 000 条标的价格路径。标的漂移和利率均为 0。

　　有两种方法可以量化结果。一种是跟踪基于保证金的收益率（对于卖出跨式期权组合，基于策略的保证金为 2 000 美元）或者跟踪绝对收益。多数专业期权交易者会基于绝对收益思考，因此我们也如此，但两者整体结论相近。

　　盈利（以美元计）分布见图 6-1。

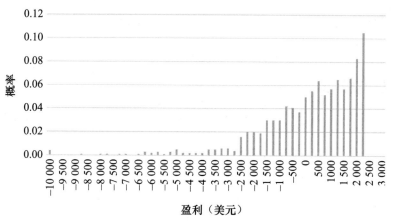

图 6-1　卖出跨式期权的盈利分布

　　该跨式期权组合的绝对价值是 2 385 美元（通常，期权合约乘数为 100 股）。因此，最大盈利是 2 385 美元。由于隐含波动率和已实现波动率相同，平均盈利应当为 0。模拟过程证实了上述两个结论。统计数据见表 6-1。（由于样本偏差巨大，因此最小值作为统计指标不可靠，仅能作为参考。更适合用来描述下行风险的指标是 10% 分位数。）

表 6-1 合理定价下卖出跨式期权组合的回报统计表

平均数	8.04 美元
标准差	1 882 美元
偏度	−1.83
超额峰度	6.41
中位数	384 美元
10% 分位数	−2 274 美元
最小值	−15 321 美元
盈利概率	57%

接下来我们用同样的方法模拟 70/130 的宽跨式期权组合（即卖出 Delta 为 9 的认沽期权和 Delta 为 23 的认购期权）。为得到和卖出跨式期权组合相同的 Vega 头寸，我们需要卖出 1.68 份宽跨式期权组合。该持仓初始价值为 841 美元。最终盈利（以美元计）分布见图 6-2。

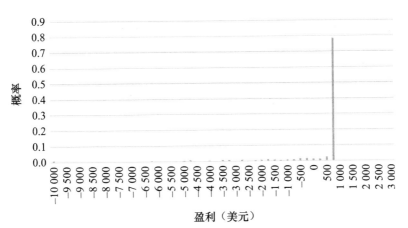

图 6-2 卖出宽跨式期权的盈利分布

该宽跨式期权组合的绝对价值是 841 美元，因此最大盈利为 841 美元。同样地，平均收益应当为 0。同样，模拟过程证实了上述两个结论。

但是，相对于跨式期权组合，宽跨式期权组合的收益分布更加负偏。即使不看数值，你也能根据柱状图得到很多信息。宽跨式期权组合有大约60%的可能性达到其最大收益，但是，由于卖出宽跨式期权组合得到的权利金低于跨式期权组合，因此宽跨式期权组合的亏损可能比跨式期权组合多很多。统计数据见表6-2。

表6-2　合理定价下卖出宽跨式期权组合的回报统计表

平均数	−6.12 美元
标准差	2 140 美元
偏度	−4.8
超额峰度	24.2
中位数	841 美元
10% 分位数	−1 994 美元
最小值	−27 683 美元
盈利概率	78%

很多情况下卖出波动率的期望收益为正值。因此，在卖出波动率时应该重点关注风险控制。如果我们持续交易，那么盈利最终应当能够实现。因此，有别于在判断正确情形下比较跨式和宽跨式期权组合，现在来看看判断完全错误的情形。具体来说，已实现波动率为70%。跨式期权组合的收益见图6-3，统计数据见表6-3。

这并不是一个很好的结果。但是我们对波动率的预期是严重错误的，所以本来也不期待很好的结果。

但是现在看宽跨式期权组合，收益分布情况见图6-4，统计数据见表6-4。

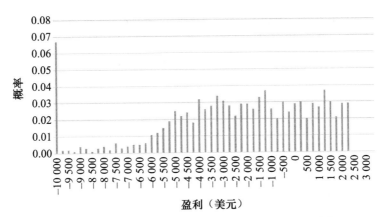

图 6-3 在预测不准确时卖出跨式期权组合的盈利分布

表 6-3 波动率错误定价下跨式期权组合的回报统计表

平均数	–3 071 美元
标准差	5 425 美元
偏度	–4.31
超额峰度	29.01
中位数	–2 143 美元
10% 分位数	–7 069 美元
最小值	–94 084 美元
盈利概率	25%

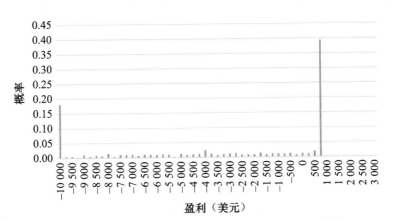

图 6-4 在预测不准确时卖出宽跨式期权组合的盈利分布

表 6-4　波动率错误定价下卖出宽跨式期权组合的回报统计表

平均数	−3 230 美元
标准差	9 190 美元
偏度	−4.2
超额峰度	21.7
中位数	−1 650 美元
10% 分位数	−10 085 美元
最小值	−197 526 美元
盈利概率	36%

同样，极端结果（最小值和 10% 分位数）比跨式期权组合的回报更糟。尽管如此，总体来讲，不准确的波动率预测对跨式和宽跨式期权组合有着相似的影响。

接下来，我们要看一下波动率预期仍为中性（30%），但在意料之外标的下跌 20% 的情形。此时两个期权组合的收益见表 6-5 和表 6-6。

表 6-5　方向预测错误下卖出跨式期权组合的回报统计表

平均数	−800 美元
标准差	2 914 美元
偏度	−1.62
超额峰度	6.14
中位数	12 美元
10% 分位数	−4 712 美元
最小值	−28 143 美元
盈利概率	50%

表 6-6 方向预测错误下卖出宽跨式期权组合的回报统计表

平均数	−1 106 美元
标准差	3 925 美元
偏度	**−4.72**
超额峰度	**25.74**
中位数	841 美元
10% 分位数	−6 127 美元
最小值	−38 830 美元
盈利概率	65%

宽跨式期权组合有更多的可能获得盈利，但亏损可能更严重。平均盈利的差异大部分来源于组合的 Delta。跨式期权组合的 Delta 是 −12，宽跨式期权组合的 Delta 是 −15。经过归一化处理后，导致了 264 美元的期望收益差异。

跨式和宽跨式期权组合结果的差异不依赖于形成标的收益的实际过程。有偏且厚尾的分布将产生显著结果，但跨式还是比宽跨式更少导致灾难性损失。

相比于用另外的分布假设来阐述上面的结论，我们将用标普 500 指数从 1990 年 1 月到 2018 年 12 月时期的实际情形来替代。在此期间，波动率是 17.6%，日回报的偏度是 −0.08，超额峰度是 8.9。我们从中选取了 252 个样本点来看 1 年期跨式和宽跨式期权组合的收益情况，假定标的资产为 100 美元的股票。期权以 17.6% 的波动率定价（这种方法忽略了回报的自相关性，因此它不能准确反映实际指数的表现）。为了让期权组合都有相同的 Vega，我们卖出 1 份跨式期权组合和 1.68 份宽跨式期权组合。模拟运行了 1 000 次。结果如图 6-5 和图 6-6 所示。

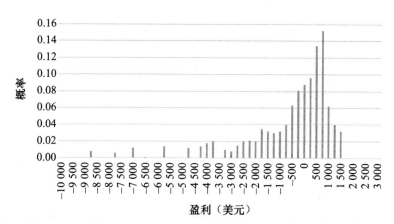

图 6-5　当标的股票符合标普 500 指数回报的分布时，卖出行权价格为 100 美元的跨式期权的回报分布

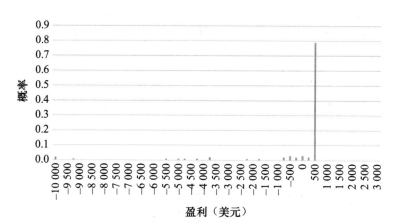

图 6-6　当标的股票符合标普 500 指数回报的分布时，卖出行权价格为 85 美元、134 美元的宽跨式期权（Delta 为 10）的回报分布

同样，跨式期权组合有更少的下行风险。统计数据详见表 6-7。

实际上，卖出宽跨式期权组合常会获得额外的隐含偏度收益。由于隐含偏度超过实际偏度，这将提高宽跨式相对于跨式的平均盈利，但不会影响关于风险的结论。

表 6-7　当标的有相同的历史回报时，比较跨式和宽跨式期权组合的结果

结果	跨式期权组合	宽跨式期权组合
偏度	−1.32	−3.27
超额峰度	1.36	9.93
最坏情况	−9 428 美元	−16 522 美元
最坏的 10% 分位数	−3 356 美元	−4 211 美元

宽跨式盈利概率高是让我们去交易它的"诡计"，即便其期望收益为负。跨式期权组合在预期和实际收益方面的一致性更好。因此你不会认为跨式比宽跨式更有波动率优势。

这就是很多人试图卖出期权"获得收入"的错误之处。卖出宽跨式没有什么神奇之处，即便它们很长时间内都处于虚值。只要没有波动率优势，最终都可能亏损。

跨式期权组合具有补偿机制，导致其对极端波动或预测错误情形都不那么敏感。它的盈利概率不如宽跨式高，而且实际上不能达到理论上的盈利最大值，但它也不会像宽跨式那样产生巨额亏损。

选择卖出宽跨式而非跨式，交易者会获得更高的中位回报，但也会面临更高的极端风险。其他人并不能说这是个错误选择，它取决于每个人的风险偏好。但在大多数风险矩阵里，跨式显现出比宽跨式更高的风险，但实际并非如此。

编外语：经 Delta 对冲的持仓

本书主要从普通投资者角度关注期权交易。这些投资者倾向于完全

不对冲 Delta 或基本上不对冲。尽管如此，在每日对冲情形下重复对宽跨式和跨式的比较仍有意义。假设隐含波动率和已实现波动率都是 30%，可以再次预期平均盈利是 0。10 000 次几何布朗运动模拟的结果如图 6-7、图 6-8 和表 6-8 所示。

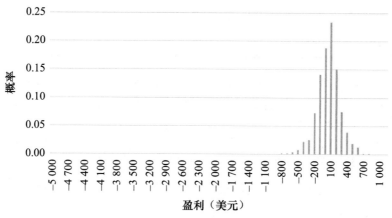

图 6-7　每日对冲情形下卖出跨式期权的回报分布

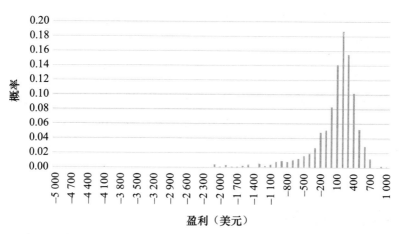

图 6-8　每日对冲情形下卖出行权价格为 70 美元、130 美元的宽跨式期权的回报分布

表 6-8　每日对冲情形下比较跨式和宽跨式期权组合的结果

结果	跨式期权组合	宽跨式期权组合
平均数	7 美元	22 美元
标准差	12 美元	126 美元
偏度	−0.2	−2.71
超额峰度	1.28	13.32
最坏情况	−856 美元	−2 170 美元
最坏十分位数	−242 美元	−450 美元

可以清晰地看到，Delta 对冲起到了它应有的作用：降低风险。极端情形产生的结果比未对冲时好了很多，也可以看到跨式和宽跨式的差异被大幅减少。这些持仓并不完全相同，宽跨式有更集中的 Vega 头寸（如图 6-9 所示）。这意味着，如果事情往非常糟糕的方向发展（例如标的证券的价格变化很大），那么随着标的价格远离期权行权价，跨式的风险将开始变小。但宽跨式并非如此。此外，即使最初对持仓进行了归一化使得 Vega 相同，但在标的价格上涨时，宽跨式的 Vega 更高。在不利情形下这将产生更多风险。

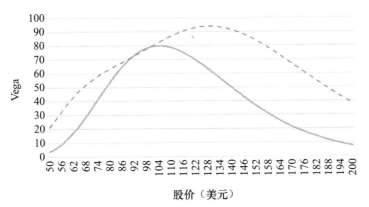

图 6-9　跨式期权（实线）与行权价格为 70 美元、130 美元的宽跨式期权（虚线）
Vega 和标的证券价格的函数关系

对冲可以有效降低回报方差，但是会极大增加交易成本，并引入与持仓监控相关的操作问题。不是经纪商或做市商的大多数人不太可能进行动态对冲。感兴趣的交易者可以看我在 2013 年出版的《波动率交易：期权量化交易员指南》，以了解主动型 Delta 对冲的理论和实践。

蝶式和鹰式期权组合

蝶式和鹰式相对于跨式和宽跨式期权组合更保守。在各种情况下对风险暴露是有保护的。从技术上讲，这些策略应当全部由认购期权或全部由认沽期权构建，但在实践中，交易者会用等价的铁蝶式或铁鹰式期权结构。这些是由虚值期权合约构建。认沽认购平价关系表明，它们完全等价。

为比较蝶式和鹰式期权组合，我们将在这里重复和跨式 / 宽跨式类似的分析。结果见图 6-10 ～图 6-13，以及表 6-9 ～表 6-12。（同样，我们会调整头寸，令其与卖出跨式期权有相同的 Vega。）

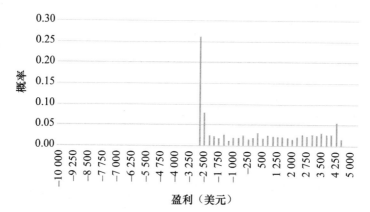

图 6-10　定价合理的蝶式期权组合的盈利分布（买入行权价格为 70 美元、130 美元的宽跨式期权并卖出行权价格为 100 美元的跨式期权）

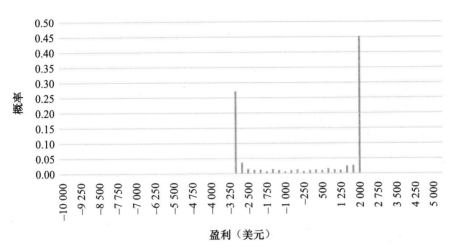

图 6-11　定价合理的鹰式期权的盈利分布（买入行权价格为 70 美元、130 美元的宽跨式期权并卖出行权价格为 80 美元、120 美元的宽跨式期权）

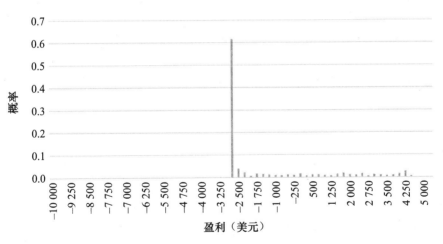

图 6-12　定价不合理的蝶式期权的盈利分布（买入行权价格为 70 美元、130 美元的宽跨式期权并卖出行权价格为 100 美元的跨式期权）

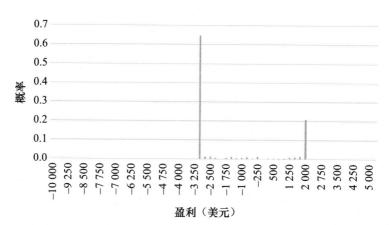

图 6-13 定价不合理的鹰式期权的盈利分布（买入行权价格为 70 美元、130 美元的
宽跨式期权并卖出行权价格为 80 美元、120 美元的宽跨式期权）

表 6-9 定价合理的蝶式期权组合的回报统计表

平均数	−25 美元
标准差	2 460 美元
偏度	0.4
超额峰度	−1.4
中位数	−321 美元
10% 分位数	−2 756 美元
最小值	−2 756 美元
盈利概率	46%

表 6-10 定价合理的鹰式期权组合的回报统计表

平均数	−9 美元
标准差	2 252 美元
偏度	−0.4
超额峰度	−1.7
中位数	1 524 美元

（续）

10% 分位数	−3 032 美元
最小值	−3 032 美元
盈利概率	58%

表 6-11　定价不合理的蝶式期权组合的回报统计表

平均数	−1 530 美元
标准差	2 109 美元
偏度	1.5
超额峰度	0.8
中位数	−2 756 美元
10% 分位数	−2 756 美元
最小值	−2 756 美元
盈利概率	20%

表 6-12　定价不合理的鹰式期权组合的回报统计表

平均数	−1 643 美元
标准差	2 109 美元
偏度	1.0
超额峰度	−0.9
中位数	−3 032 美元
10% 分位数	−3 032 美元
最小值	−3 032 美元
盈利概率	26%

　　使用蝶式期权组合减轻了跨式期权最坏结果的糟糕程度，但代价是最大损失出现的可能性上升至 26%。

　　由于鹰式比蝶式期权组合的 Vega 要小，因此需要交易更多份鹰式期权以获得相同的波动率敞口。这意味着鹰式期权最坏的情形要比蝶式期权损失稍多一些。而且，鹰式期权有30%的可能产生最大损失，同时最大盈利比蝶式期权组合少。

现在我们看看隐含波动率为30%，随后已实现波动率为70%的情形。蝶式期权组合和鹰式期权组合在该情形下的回报如图6-12和图6-13所示，统计数据如表6-11和表6-12所示。

可以看到，鹰式期权组合有更高的盈利百分比，但最高盈利被限制在1 998美元的期权费上。鹰式有15%的可能性[⊖]可以获得最大盈利。蝶式期权组合的期权费更高，因此有更多的可能盈利。蝶式期权组合有12%的可能性获得高于1 998美元的盈利，这些"赢过鹰式"的盈利平均为3 342美元。

关于风险和回报，蝶式与鹰式的比较类似于跨式与宽跨式的比较：蝶式有更低的盈利百分比，但有更高的最大收益和更少的最大损失。

编外语：断翅蝶式和鹰式期权组合

断翅蝶式或断翅鹰式是仅买入一个行权价格的期权。例如，断翅蝶式（或铁蝶式）期权可以买入一个虚值认沽期权并卖出一个跨式期权。这和1∶2认购期权价差的最终回报相同，我们将在第8章看到关于其风险的更多细节。但现在，我想强调使用这类策略常见的错误理由。

通常认为，股市下行比上行要剧烈得多。因此，很多交易者只考虑对冲下跌风险。这值得警惕。股市每天的上行和下行并没有很大区别。例

⊖　原文疑有误，根据图6-13，获得最大盈利的概率（可能性）是20%，而不是原文中的15%。——译者注

如，观察标普 500 指数从 1990 ～ 2018 年的每日回报，关于正、负回报绝对值的统计数据详见表 6-13。在 5% 的置信水平上，它们没有显著区别。

表 6-13　1990 ～ 2018 年期间标普 500 指数回报统计表

统计指标	每日回报为正值	每日回报为负值
平均数	0.007 3	0.007 6
中位数	0.005 1	0.004 9
90% 分位数	0.015 6	0.017 7
99% 分位数	0.038 7	0.038 4
最大值	0.115 8	0.090 3

下跌和上涨的"速度"是真实存在区别的。这是由自相关性造成的，但比很多交易者以为的小很多。众所周知，1987 年以前，指数期权市场往往没有隐含波动率偏度。在大崩盘之后，市场将崩盘风险放入定价。但是市场对此有过度补偿。这就是为什么认沽期权通常被过度高估，以及为什么如果交易者希望对冲极端风险，那么最好同时对冲极端的上行和下行风险。

日历价差

日历价差组合用相对隐含波动率水平套利。具体来讲，我们试图获取短期期权更高的波动溢价。例如，我们以 30% 的隐含波动率买入 60 天平值跨式期权，并以 40% 的隐含波动率卖出 30 天平值跨式期权。我们将组合持有到短期期权组合到期，在这期间已实现波动率是 30%。该组合优势来自高估的短期期权隐含波动率。我们也模拟了卖出 1 个月期跨式期权的仓位，这是抓住波动溢价的最直接方法。

关于 10 000 次模拟路径下损益分布的统计数据详见表 6-14。

表 6-14　跨式价差和卖出近月跨式损益分布统计的比较

结果	卖出跨式	跨式价差
平均数	261 美元	265 美元
标准差	597 美元	210 美元
偏度	−1.4	0.0
超额峰度	2.7	−1.4
中位数	411 美元	260 美元
90% 分位数	873 美元	552 美元
最大值	899 美元	578 美元
10% 分位数	−574 美元	−18 美元
最小值	−3 753 美元	−66 美元
盈利概率	72%	87%

日历价差组合相对于平均损益有较低的离散程度（两种持仓的损益平均值是相似的，均取决于 1 个月期隐含波动率的错误定价）。直觉上，这是因为在近月期权到期时，价差组合的收益曲线和蝶式期权非常相似。图 6-14 中展示了价差组合的损益图。

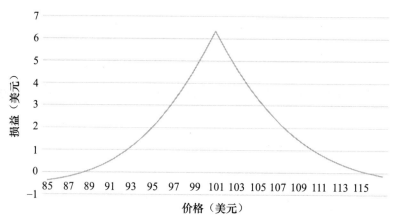

图 6-14　跨式价差组合在近月期权到期时的损益

风险降低的代价是价差组合持有 Vega 正值。如果隐含波动率下降，那么价差组合的表现将逊于卖出跨式期权。这些风险会和我们的波动率预测出现不一致。我们认为近月波动率过高，这通常意味着次月波动率也会定价过高（即使不那么多）。因此，当我们认为波动率定价过高时，我们会持有跨式价差组合，以持有 Vega 正值。

价差组合起到分散风险的作用，但我们不仅要关注相对波动率，更要对整体波动率有准确判断。我们通过模拟已实现波动率为 20% 的情形来证明这个问题。价差组合和卖出跨式的统计指标详见表 6-15。

表 6-15　跨式价差组合和卖出近月跨式期权组合（近月隐含波动率为 40%，次月隐含波动率为 30%，已实现波动率为 20%）的损益分布统计比较

结果	卖出跨式	跨式价差
平均数	522 美元	223 美元
标准差	375 美元	147 美元
偏度	−1.2	−1.0
超额峰度	1.0	0.4
中位数	630 美元	266 美元
90% 分位数	877 美元	375 美元
最大值	900 美元	380 美元
10% 分位数	−16 美元	10 美元
最小值	−2 141 美元	−370 美元
盈利概率	89%	91%

我们可以通过调整价差组合中的组成部分，以平抑整体持仓 Vega。这也将降低价差组合的方差缩减特征（variance reducing properties）。

另一种加权方式是计算波动率 Beta，即反映近月波动率和次月波动率间相对变化的数值。

日历价差表现最好的市场情形是波动率溢价很大，而隐含波动率很小。

一如既往，交易者的决定完全取决于他最关注的风险。

考虑隐含波动率偏斜

上述分析假定所有的行权价格有相同的隐含波动率。当然，通常并非如此。虚值认沽期权的隐含波动率通常比平值期权高。平值期权隐含波动率对未来波动率的预测性最强，可以通过卖出虚值认沽期权获得波动率溢价。这使得实际上卖出宽跨式比理论上（假定所有行权价的隐含波动率相同）更有吸引力。

隐含波动率曲线的形状基本比较稳定。对某一 Delta 的期权，其隐含波动率将是一个常数和平值期权隐含波动率的乘积。例如，在 SPX 中，Delta 为 10 的认沽期权的隐含波动率是平值期权隐含波动率的 1.45 倍。类似地，Delta 为 25 的认购期权的隐含波动率是平值期权隐含波动率的 0.88 倍。利用这个经验规则可以推测，如果平值期权的隐含波动率是 30%，那么行权价格为 70 的认沽期权（Delta 为 9）将会以 43.5% 的隐含波动率交易。类似地，行权价格为 130 的认购期权（Delta 为 23）将会有 26.4% 的隐含波动率。

假设未来已实现波动率为 30%。如果运行与之前同样的模拟，但对宽跨式期权组合的定价采取更实际的隐含波动率，即认沽期权 43.5%，认购期权 26.4%，那么我们将会得到如图 6-15 和表 6-16 所示的结果。

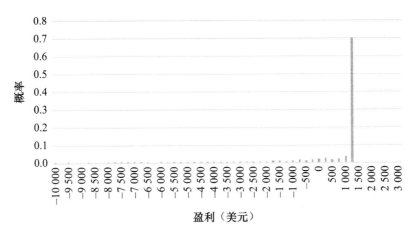

图6-15 当隐含波动率有偏斜且对已实现波动率正确定价时，宽跨式期权组合的盈利分布

表6-16 隐含波动率偏斜且对已实现波动率正确定价下宽跨式的回报统计表

平均数	278 美元
标准差	2 102 美元
偏度	−3.8
超额峰度	18.0
中位数	1 123 美元
10% 分位数	−1 765 美元
最小值	−37 372 美元
盈利概率	79%

这些数据比所有行权价均采用30%的隐含波动率进行定价的宽跨式要好（两种方式的结果均显示在表6-17中，以便比较）。

表6-17 隐含波动率为常数和有偏斜的统计结果

统计指标	波动率为常数的宽跨式	隐含波动率偏斜的宽跨式
平均数	−6.12 美元	278 美元
标准差	2 040 美元	2 102 美元

（续）

统计指标	波动率为常数的宽跨式	隐含波动率偏斜的宽跨式
偏度	-4.8	-3.8
超额峰度	24.2	18.0
中位数	841 美元	1 123 美元
90% 分位数	-1 994 美元	1 765 美元
最小值	-24 683 美元	-37 372 美元
盈利概率	78%	79%

行权价格选择

尽管大部分跨式期权组合选择平值期权，但也有一些组合要求我们选择行权价格。

对此，从卖出期权的行权价格开始。对跨式期权和蝶式期权，应当选择平值期权，但是对宽跨式期权和鹰式期权，由于波动率曲线的存在，我们希望选择可以最大化波动率溢价的行权价格。

在波动率曲线上，平值期权隐含波动率对未来已实现波动率预测效果最好，因此，当寻找波动率优势时，我们应当卖出以最大隐含波动率定价的行权价格。从波动率角度，通常意味着卖出虚值程度最深的认沽期权。SPY 认沽期权的情况详见表 6-18。

行权价格为 210 美元的认沽期权有最高的隐含波动率。因此，假设我们卖出该期权，并且卖出行权价格为 360 美元的认购期权（隐含波动率 11.0%）来建立 Delta 中性的宽跨式期权组合。假设已实现波动率是平值期权波动率（14.2%），用蒙特卡洛算法来模拟 10 000 次该策略，得到了如表 6-19 所示的结果。我们卖出 1 000 美元的 Vega。

表 6-18 2020 年 6 月到期的 SPY 认沽期权价格（日期为 2019 年 7 月 30 日，Delta 最低为 5 的行权价格）（SPY 价格为 300.48 美元）

行权价格（美元）	市场价格（美元）	隐含波动率
210	1.68	0.253
215	1.95	0.248
220	2.25	0.243
225	2.58	0.237
230	2.95	0.232
235	3.35	0.226
240	3.82	0.221
245	4.33	0.215
250	4.91	0.209
255	5.55	0.203
260	6.28	0.197
265	7.07	0.192
270	7.96	0.186
275	8.95	0.179
280	10.03	0.173
285	11.26	0.167
290	12.57	0.160
295	14.10	0.153
300	15.78	0.146

表 6-19　卖出 Vega 为 1 000 美元行权价格为 210 美元、360 美元的 SPY 宽跨式期权的统计结果

统计指标	最大隐含波动率宽跨式期权组合
平均数	6 600 美元
标准差	105 400 美元
偏度	−5.5
超额峰度	32.1
中位数	29 400 美元
10% 分位数	28 670 美元
最小值	−1 463 400 美元
盈利概率	92%

尽管如此，该组合中每份期权的 Vega 非常少。与之对比的是，卖出价格与按平值期权隐含波动率定价时相比，溢价最大的认沽期权。结果见表 6-20。

表 6-20　相对于平值期权隐含波动率（14.0%）定价的现金溢价

行权价格（美元）	市场价格（美元）	用平值隐含波动率定价	波动率偏斜带来的溢价（美元）
210	1.68	0.03	1.65
215	1.95	0.06	1.89
220	2.25	0.10	2.15
225	2.58	0.17	2.41
230	2.95	0.28	2.67
235	3.35	0.43	2.92
240	3.82	0.64	3.18
245	4.33	0.94	3.39
250	4.91	1.34	3.57
255	5.55	1.86	3.69

（续）

行权价格（美元）	市场价格（美元）	用平值隐含波动率定价	波动率偏斜带来的溢价（美元）
260	6.28	2.52	3.76
265	7.07	3.36	3.71
270	7.96	4.37	3.59
275	8.95	5.60	3.35
280	10.03	7.05	2.98
285	11.26	8.73	2.53
290	12.57	10.66	1.91
295	14.10	12.84	1.26
300	15.78	15.26	0.52

最大的现金溢价位于 260 美元的行权价格。市场价格为 6.28 美元，而如果用平值隐含波动率定价，则只价值 2.52 美元。假设我们卖出 1.2 份行权价格为 260 美元、335 美元的宽跨式期权组合，则将有和上一个模拟相同的 Vega 暴露。结果详见表 6-21。

表 6-21 卖出 Vega 为 1 000 美元行权价格为 260 美元、335 美元的 SPY 宽跨式期权的统计结果

统计指标	最大隐含波动率宽跨式期权组合
平均数	3 980 美元
标准差	32 430 美元
偏度	−3.4
超额峰度	15.1
中位数	20 092 美元
10% 分位数	−37 100 美元
最小值	−306 928 美元
盈利概率	76%

描述典型结果的统计数据（平均数、中位数、盈利概率和10%分位数）都有利于卖出最高波动率溢价的组合。这是可以预期的。卖出期权的优势来自卖出昂贵的隐含波动率。然而，也可以清楚地看到，当事情变糟时，卖出十几元的期权要比卖出那些有更多溢价的期权痛苦得多。

总而言之，在卖出宽跨式期权或鹰式期权时，我们想要利用波动率偏斜的溢价，但如果通过卖出隐含波动率最高的期权来实现，会把自己暴露在可怕的风险中。一旦找到了想要的认沽期权空头，就选择其他的认购期权，以获得想要的 Delta 或 Vega 曲线。

选择对冲的行权价格

选择卖出波动率策略的唯一原因是我们认为隐含波动率太高。那么，卖出任何期权都是因为我们认为其价格过高⊖。即使没有隐含波动率偏斜，也是如此。在存在隐含波动率偏斜的情况下，我们将会有更高的回报。持有多头对冲期权持仓的期望收益为负值。这是商业运营的成本。我们要选择那些能以最小代价提供所需保护的期权。

举例说明，考虑如下情况：以 6.28 美元的价格卖出行权价格为 260美元的认沽期权，可能我们不希望损失超过 5 000 美元。我们可能的对冲选项如表 6-22 所示。这个过程很简单。只需找到能以最低成本提供已接受损失水平的期权来对冲即可。

⊖　原文认为价格过高（overprice）的期权应该买入（buy）。根据理解，应该是价格过高的期权应该卖出（sell）。——译者注

表 6-22　可能用于对冲卖出 260 美元的认沽期权的期权价格和行权价格

行权价格（美元）	市场价格（美元）	对冲组合的最大损失（美元）
180	0.64	7 436
185	0.74	6 946
190	0.88	6 460
195	1.05	5 977
200	1.23	5 495
205	1.45	5 017
210	1.68	4 540
215	1.95	4 067
220	2.25	3 597

最大损失 = 对冲的利润 + 空头认沽的损失 − 对冲费 + 空头认沽费

所以在这种情况下，我们会以 145 美元的对冲成本买入行权价格为 205 美元的认沽期权。

如果不考虑期权费收入，最差盈亏将发生在多头行权价上。在这种情况下，我们的空头已经亏损，而多头上也没有收益。在该行权价以下，多头认沽和空头认沽将互相抵消。由于损失上限是 5 000 美元，这将使较低的认沽行权价达到 210 美元。然而，收到的总期权费将是 628 美元的对冲溢价，所以行权价将被降低至 205 美元（合约乘数为 100）。

买入较低期权费、较短期限的期权作为对冲可能是很诱人的。这基本上是个坏主意。一般来说，持续购买短期期权的总期权费会高于只买入单一长期期权（总方差随时间的平方根扩展的结果）。如果考虑到额外的交易成本，单一期权就会变得更有吸引力。

我们可以通过使用 Brenner 和 Subrahmanyam 的近似值来说明这个一般规则，同时也可以说明例外情况。该研究表明，对于平值期权来说，

期权定价的 BSM 方程近似值为

$$P \approx 0.4S\sigma\sqrt{T} \qquad (6\text{-}2)$$

将此作为对冲基准，并与连续买入两个期权的选择进行比较。在这种情况下，对冲费用将是

$$2 \times 0.4S\sigma\sqrt{\frac{T}{2}} = P \times \frac{2}{\sqrt{2}} > P \qquad (6\text{-}3)$$

如果波动率期限结构平坦，那么两个期权的对冲方式就更加昂贵。但是，如果波动率期限结构足够陡峭，那么就值得用较短期限的期权进行滚动对冲。具体来说，如果每小段期间的波动率为 σ_1 和 σ_2，以及总波动率 σ，它们的关系满足

$$\frac{\sigma_1 + \sigma_2}{\sqrt{2}} < \sigma \qquad (6\text{-}4)$$

那么就值得进行较短期限的对冲。

举个例子，我们可以只买入 2 年期期权，或者买入 1 年期期权到期后再买入 1 年期期权。假设股票是 100 美元，行权价是 100 美元，波动率是 30%，利率是 0。2 年期认沽期权价值是 16.8 美元。每个 1 年期认沽期权价值是 11.9 美元。在这种情况下，2 年期期权是更便宜的选择。

但是，如果考虑 2 年期期权的隐含波动率为 40%，1 年期期权的隐含波动率为 20% 的情况，且假设这个期限结构在时间上是恒定的，那么当第一个 1 年期期权到期时，可以用 20% 的波动率买入下一个。现在，每个 1 年期的期权价值是 8.0 美元，2 年期期权价值是 22.3 美元。那么我们最好买一个 1 年期的期权，以后再滚动。

期限选择

正如我在本章中所强调的，交易期权的选择不仅仅是找到期望收益最高的那一个。许多其他指标也是相关的。回报率中位数、回撤风险敞口（drawdown exposure）以及盈利交易百分比都是需要考虑的统计数据。研究可以从期望价值开始，然后再扩展，似乎也是合理的。交易的目的是获得盈利。风险管理的目的应该是保护期望价值，而不是最小化风险。最安全的仓位是没有仓位。这也赚不到钱。

期权交易的盈利能力由方差溢价驱动。许多其他的影响也很重要，但方差溢价总是占主导地位。它对期权的意义就像进化论对生物学的意义或引力对物理学的意义一样。因此，在选择到期日时，首要考虑的是哪一个期权具有最大的方差溢价。如果是卖出，我们希望是最高溢价的到期日。如果是买入，我们要选择溢价最低的到期日。

Israelov 和 Tummala 在 2017 年研究了这个问题，并写了一篇论文，其标题是对我们问题的完美陈述："你应该卖掉哪些指数期权？"通过观察 1996 ～ 2015 年的标普 500 指数期权表现，他们发现，短期期权的方差溢价最高。他们对此的解释是这样的：

> 期权买方为他们的投资组合购买保险，他们通常关注每月或每季度的回报……直观地说，最直接符合这些偏好的期权是能够给期权卖方最有吸引力的补偿。

这可能是真的，但更重要的原因是对风险的补偿。短期期权的风险由 Gamma 主导，而长期期权的风险则由 Vega 主导。有句老话是这么说的："Vega 会伤人，Gamma 会死人。"短期期权卖方承担着最大的风险，他们应该得到最大的补偿。在寻找方差溢价时，好的做法是寻找风险最大的情况。方差溢价是对风险（错误定价的）补偿。风险越高，错误定价的程度就越大。

这个假设与 Tosi 和 Ziegler 在 2017 年研究的结果一致。1996 ～ 2015 年的标普 500 期权数据显示，卖出虚值认沽期权的收益集中在到期前几天。远月期权几乎没有产生任何收益。

他们对此提出的理由是：

> 到期前，期权权利金集中反映了期权风险特征变化。具体来说，期权凸性风险随着到期日临近而急剧增加，使其对基础价格的跳动非常敏感。相比之下，波动率风险的作用要小得多。

并得出结论：

> 我们的研究结果表明，希望获取认沽期权权利金的交易者应该只在到期前最后几天卖出近月期权，而希望保护自己不受下跌风险影响的投资者应该用远月期权来降低对冲成本。

其他有着相同结论的研究包括 Andries 等（2015 年）、Dew-Becker 等（2014 年）以及 van Binsbergen 和 Koijen（2015 年）。

本章小结

没有"最佳"策略。选择什么是个人风险偏好。宽跨式比跨式期权组合更容易获得盈利，但可能盈利更少，潜在亏损更大。就交易成本而

言，蝶式和鹰式期权组合的价格比跨式和宽跨式期权组合更贵。它们也将经历更长时间才会引发最大损失

在选择空头期权的行权价格时，在卖出最高隐含波动率期权获得的权利金以及由此产生的风险之间，交易者需要取得平衡以获得最大收益。同样，比起长期期权，较短期限的期权会有更多的波动性溢价，但它们也有更高可能性产生灾难性后果。

本章要点

▶ 卖出虚值期权（宽跨式期权组合或鹰式期权组合）将带来更高的中位回报和更高的盈利百分比，但这也使得对好交易（具有期望价值）和好运气的区分更加困难。

▶ 短期期权的波动性溢价最高。长期期权的波动性溢价非常小。

▶ 虚值程度最深的认沽期权的波动率溢价最高。虚值认购期权的波动性溢价非常小。

第 7 章

方向性期权交易

BSM 模型的绝妙之处在于定价期权时，标的资产价格方向并不重要。尽管这种方法可以无套利地复制价值，我们仍然可以通过交易期权来下注标的变动方向。泰勒斯和橄榄压榨机的故事就是期权的起源。现在，绝大多数期权交易者也会用期权做方向性交易。确实，很多个人投资者只能买入期权，方向性交易本质上是他们唯一可用的策略。

本章将讨论方向性期权交易，从定价理论的方向性观点开始，进而讨论行权价、期权结构和到期时间的选择。所有例子都假设是牛市行情下买入认购期权，但是方法也适用于买入认沽期权或卖出期权。此外，假设每份期权相当于 1 股。

主观期权定价

与交易标的相比，期权具有很多优势，主要优势是能够更精细地开展交易，而不仅仅从"上涨或者下跌"的角度。此外，杠杆和更加偏斜的收益可能性也很有用。但是，这些也都增加了相当大的复杂性。

这里假设（更多是乐观认为）交易者具有有效的标的资产预测方法并说明其如何将观点变现。预测标的资产变动方向绝非易事。但交易期权时，有可能即便预测到标的价格变动方向但是仍然亏损，解决了最难的部分但是仍然失败，真不是件好事。

如果认为标的价格上涨超过行权价的幅度大于期权权利金，最简单的期权方向性交易策略是买入认购期权。这可以称为"无模型方向交易"，或者更现实的说法是"猜测"。

考虑如表 7-1 所示的这组 100 美元股票的认购期权价格。

表　7-1

（单位：美元）

行权价	期权价格
95	8.7
100	5.6
105	3.2
110	1.5

如果知道股价会上涨到 120 美元，行权价格的选择就不重要了。在每个期权上投资 100 美元会有如表 7-2 所示的收益。

表　7-2

（单位：美元）

行权价	收益
95	187
100	257
105	369
110	567

但是交易的问题从来都不是在预测正确时去优化结果。真正的问题是在判断错误时控制风险。如果股价只上涨到 106 美元，我们的收益就会完全不一样（如表 7-3 所示）。

行权价	收益
95	26
100	7
105	−68
110	−100

表　7-3　　　　　　　　　　　　　　　　　（单位：美元）

这些极端的区别说明了更好计划的必要性。

主观期权定价理论

BSM 模型中的动态对冲理论消除了使用漂移变量的必要性。但这并不是说我们不能将漂移包含在个人定价中。我们将不再处于风险中性的范式中，同时理论价格和市场价格也将不一致，但那都处于预期中。如果预期和目前市场价格一致，就不会去交易了。

BSM 模型表明标的收益率和期权价格无关。但是标的收益显然会影响无对冲的期权收益。

如果有一个明确包含漂移量的估值模型，可以用它去比较理论值与市场价格，从而发现最有吸引力的投资机会。

幸运的是，BSM 模型之前的一些定价模型确实包含了标的收益。Boness 发现了一个期权定价模型，它在功能上与 BSM 模型相同，但基于真实世界而非风险中性的世界。该模型不是无套利的，但是回答了方向性交易者最重要的问题：如果认为标的价格会上升，那应该买何种期权？

Boness 的结果是在真实世界中的预期，并非像 BSM 模型那样将期望收益放到风险中性中来计算认购期权价值。

公式符号代表通常含义

$$C = E_p[\max(0, S - X)] \tag{7-1}$$

$$= S\exp(\mu T)N(d_3) - XN(d_4) \tag{7-2}$$

其中

$$d_3 = \frac{\ln\left(\dfrac{S}{X}\right) + \left(\mu + \dfrac{\sigma^2 T}{2}\right)}{\sigma\sqrt{T}} \tag{7-3}$$

$$d_4 = \frac{\ln\left(\dfrac{S}{X}\right) + \left(\mu - \dfrac{\sigma^2 T}{2}\right)}{\sigma\sqrt{T}} \tag{7-4}$$

为得出这个方程，Boness 必须对收益做出一个假设。

他需要认为，股票收益率等同于认沽认购平价关系中行权价的贴现率，也就是说所有的现金流都会投资于股票。

在认沽认购平价关系的正常推导中，形成的组合是买入认沽期权，卖出认购期权，同时买入股票。到期时组合的价值是折现后的行权价。从中世纪以来（这种想法被用于抵押贷款），众所周知，正确的折现因子是利率。漂移是不相关的。如果利率以外的任何东西被用作折现因子，就存在套利机会。

即使我们接受漂移是真实情况，将利率作为另一种投资机会也是合理的。投资者的股票按 μ 升值，现金按照 r 升值。看起来没有投资者会这样操作。如果 μ 大于 r，投资者为什么不把所有的钱都放到股市，完全忽略利率呢（Boness 的模型就是这样）？现实中，人们通常会在不同的资产类别中进行分散投资。股票有更高的收益但也有更高的风险，这一点反映在波动率参数中。

通过修正后 BSM 偏微分方程的形式参数（formal argument）建立定价模型是可能的，但并不是必需的。我们的模型需要假设现金按照无风险利率再投资，同时股票的远期价格是受实际漂移驱动的。

如果稍微重新解释下一些参数，该模型已经存在：当标的资产支付连续股利时，则有广义的 BSM 欧式期权价格。使用该模型和利率来给远期股票价值下的期权定价，同时假设现金流按照无风险利率贴现。交易者现在使用这个模型，并认为股利和利率（不完全已知的）是客观变量（注意，在现实中，不同交易者有不同的股利预期和边际利率。这可以在极少情形下带来套利机会）。

我们将此转换为融入价格波动的新模型。在该模型中，我们将股利重新解释为主观的漂移估值，用漂移估值来对标的远期价格进行主观预测。这个模型也允许套利，但它会符合我们对真实世界的看法。

在这个模型中，认购期权的价格为

$$C = S\exp(\mu T)Nd_3 - \exp(-rT)XN(d_4) \qquad (7\text{-}5)$$

其中

$$d_3 = \frac{\ln\left(\dfrac{S}{X}\right) + \left(r + \mu + \dfrac{\sigma^2}{2}\right)T}{\sigma\sqrt{T}} \qquad (7\text{-}6)$$

$$d_4 = \frac{\ln\left(\dfrac{S}{X}\right) + \left(r + \mu - \dfrac{\sigma^2}{2}\right)T}{\sigma\sqrt{T}}$$

（7-7）

和其他定价变量一样，希腊字母可以帮助衡量错误估计的影响。主观价格对价格漂移量的偏导是

$$\frac{\partial C}{\partial \mu} = TS\exp(\mu T)N(d_3)$$

（7-8）

现在可以推导出期权主观价格并且看出哪些是最被错误定价的。在这个例子中，考虑 100 美元股票的 1 年期期权，其中波动率是 30%，股价漂移是 10%，同时利率为 0。风险中性的 BSM 价格和主观的价格如表 7-4 所示。

表 7-4 风险中性期权价格和主观期权价格的比较

行权价 （美元）	BSM 价格 （美元）	主观价格 （美元）	绝对差异 （美元）	相对差异 （%）
80	23.54[①]	32.53	8.99	0.38
85	20.09	28.55	8.46	0.42
90	17.01	24.88	7.86	0.46
95	14.29	21.52	7.23	0.51
100	11.92	18.49	6.57	0.55
105	9.88	15.79	5.91	0.60
110	8.14	13.41	5.27	0.65
115	6.67	11.32	4.65	0.70
120	5.44	9.51	4.07	0.75

①原文此处 22.53 应为 23.54。——译者注

由于价格漂移造成的是 delta 影响，因此最大的绝对差异反映在更低行权价上也不足为奇了。如果投资者想买固定数量的期权，这些可能是最佳选择。但是在这种情形下，直接买标的可能是更好的选择，那里有着最大差异。最大差异率（物有所值的地方）反映在最高行权价上，这些看起来最适合想要投资固定金额的交易者。

但是这些分析没有考虑到不同行权价期权的不同风险特征。

既然我们已经有理论模型了，我们可以讨论主观期权收益的分布特征（假设我们的价格漂移预测和波动率预测都正确）。

期权收益分布：主要统计量

$$\text{认购期权的平均收益} = \text{主观价值} - \text{成本} \qquad (7\text{-}9)$$

$$\text{实值到期的概率} = N(d_4) \qquad (7\text{-}10)$$

$N(d_4)$ 是期权实值到期的可能性，它与不准确但经常使用的 $N(d_2)$ 不同，$N(d_2)$ 是风险中性的可能性。漂移是决定期权是否是到期实值的重要变量。为反映差异，考虑一个 1 年期行权价为 110 美元的认购期权，标的价格为 100 美元，波动率为 30%，漂移为 10%，利率为 0。行权的风险中性概率为 32%，主观预测下的可能性为 45%。在非常短的时间区间内，波动性将超过价格漂移，但总的来说，用风险中性的概率来代表真实世界的任何情况是不好的。图 7-1 和图 7-2 展示了 $N(d_4)$ 是如何依赖于价格漂移以及如何随行权价而变动。

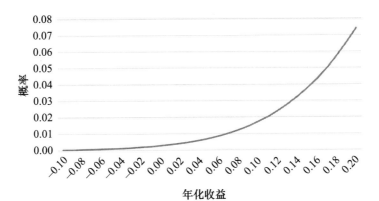

图 7-1　3个月期行权价为 150 美元的认购期权实值到期概率（股价 100 美元，利率为 0，波动率为 30%）

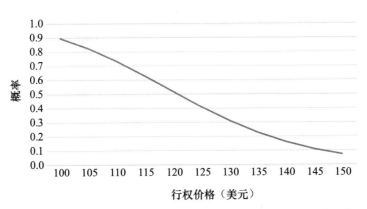

图 7-2　当漂移为 20% 时 3 个月期行权价为 150 美元的认购期权实值到期概率（股价 100 美元，利率为 0，波动率为 30%）

盈利的概率是 $N(d_5)$

$$d_5 = \frac{\ln\left(\dfrac{S}{X+\text{成本}}\right)+\left(r+\mu-\dfrac{\sigma^2}{2}\right)T}{\sigma\sqrt{T}} \qquad (7\text{-}11)$$

同时，假设标的价格是对数正态分布，可以轻松计算内在价值的中位数以及相应收益。

$$标的资产最终价格的中位数 = S_0\exp(\mu T) \qquad (7\text{-}12)$$

$$期权收益的中位数 = \max\{S_0\exp(\mu T) - X, 0\} - 成本 \qquad (7\text{-}13)$$

更进一步来说,

$$标的资产最后价格的分位数 p = S_0\exp\left[\mu T + \sigma\sqrt{T}N^{-1}(p)\right] \qquad (7\text{-}14)$$

$$期权收益的分位数 = \max\left\{S_0\exp\left[\mu T + \sigma\sqrt{T}N^{-1}(p)\right] - X, 0\right\} - 成本 \qquad (7\text{-}15)$$

图 7-3 展示了这样的一个例子。

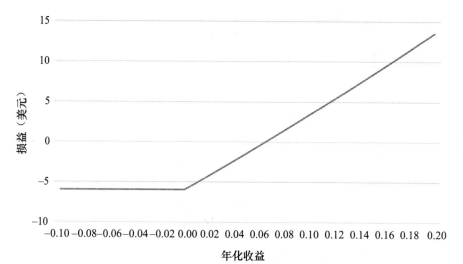

图 7-3　3 个月期行权价为 100 美元的认购期权收益的 90% 分位 (股价 100 美元, 利率为 0, 波动率为 30%, 风险中性的认购价值是 5.98 美元)

计算期权收益的矩是可能的 (Ben-Meir and Schiff, 2012; Boyer and Vorkink, 2014; Sinclair and Brooks, 2017), 但是方程很复杂且没有给出真正的见解。最重要的是期权具有非常明显的正偏。同样重要的是, 即使标的资产收益是正态分布，极端偏度也会发生。这种偏度是期权内生的，不是由标的资产的偏度引发的。如果标的资产收益不是正态分布，那么对期权的影响会被放大。在这种情形下，期权收益的矩（moment）没有解析表达式，采用模拟的方法来了解期权收益的矩是必要的。

行权价选择

上述所有风险的测算都需要考虑。用单个因子来考量最好期权是不够的。这可能是个好事，因为"最好"或"最优"只是相对于给定标准，但是交易决策需要基于不止一个标准。

在行权价选择（或者广义上的投资选择）的具体情况下，不可能给出单一的最优解。一些问题不可能用这种方式解决。考虑这个问题，"世界上最好的汽车是什么"，这里关于"最好"有很多合理定义。最好意味着最快？最豪华？最安全？最环保？最划算？跑起来最划算？最可靠？在每个类别中都可以进行有效比较。法拉利比兰博基尼好。丰田比吉优[⊖]好。但是法拉利是否比丰田好的争论是无解的，不同车型的使用者有不同的目标和偏好。

在其他一些情况下，可以定义出清晰且明确的"最好"概念。以棒球项目为例。棒球队的目标是赢得比赛。最佳球员是帮助队伍赢得比赛的那位。击球、投球、接球和奔跑的个人技能被视为获胜的能力要素，其他无关目标则不是。所以这里，将所有要素技能统一起来转换为可衡量的胜率十分有用。这样，你就可以有效比较一个有力量的接球手和一个快速敏捷的游击手。但是这也会引发过度依赖统计指标的危险。数值

⊖ 吉优（GEO）是雪佛兰旗下的汽车品牌，现已停产。——译者注

计算涉及方法问题，同时还涉及取样问题。即使是最佳的综合统计量也只能是考量的出发点而非最终答案。

交易介于这些情形之间。盈利目标是绝对的但是风险是个体化的，两者都和给定交易者的优势和能力相关，也和风险承受能力及风险厌恶程度相关。很明显，不同的人有不同程度的风险厌恶。这可能是个人原因，但也可能是受外部要求影响。任何一个用别人资金来交易的交易员必须遵循资金委托方的风险偏好。但是同样需要记住的是，风险取决于特定交易员的能力。风险是我们控制之外的事情。因此，不同优势的交易员会有不同的剩余风险因素。如果一个交易员在波动率预测上有优势，而另一个交易员没有，那么波动率对前者就是优势，而对后者来说是风险。生活通常也是如此。对于心脏外科医生来说，做搭桥手术的风险很低。对于其他随便一个人来说，这将是谋杀。

所以，用综合统计量来比较收益和风险是有用的，但是不能期待过高。

这类统计量中最著名的是夏普比率，即超额回报和波动率的比值。众所周知，夏普比率并不完美。它有非常大的抽样误差，通常和估计值相当。夏普比率也没有区分向下的波动率和向上的波动率。它也完全没有考虑高阶矩的情况。这些都是问题，但是和期权相关的特定问题是我们要应对严重偏斜的收益（偏度可以是一种特征而非错误。正的偏度是在资产组合中做多期权的好理由）。

解决这个问题的第一项工作是由 Hodges 在 1998 年完成的，他用一个简单的例子展示了问题的本质。我们有两个超额收益的概率分布，如表 7-5 所示。

表 7-5 两个超额收益的概率分布

分布 A						
收益	−25%	−15%	−5%	5%	15%	25%	35%
概率	0.01	0.04	0.25	0.40	0.25	0.04	0.01

分布 B						
收益	−25%	−15%	−5%	5%	15%	25%	45%
概率	0.01	0.04	0.25	0.40	0.25	0.04	0.01

统计量汇总		
分布	A	B
平均值	5.00%	5.10%
标准差	10.00%	10.34%
夏普比例	0.500	0.493

很明显分布 B 优于分布 A。唯一的区别是收益结果中的 35% 被提高至 45%。但是这种好的改变相较于收益，将标准差提高到更高水平，所以分布 B 的夏普比率比 A 低。

Hodges 为投资指数的投资者推导了广义夏普比率（GSR），但是为计算 GSR，有必要了解收益的完整分布。

Pézier 在 2004 年应用类似推理创建了另一种 GSR，这种 GSR 只需要分布矩（见 Maillard，2018，完整的推导和讨论）。他的 GSR 是

$$GSR = SR\left(1 + \frac{\lambda_3}{6}SR - \frac{\lambda_4 - 3}{24}SR^2\right) \qquad (7\text{-}16)$$

其中 SR 是标准夏普比率，λ_3 是收益的偏度，λ_4 是峰度。对于正态分

布的收益而言，GSR 会降低至夏普比率。正的偏度会增加 GSR，负的偏度会降低 GSR，任何峰度都会降低 GSR。

表 7-6 给出了 3 个月期不同行权价格认购期权的统计量，股价 100 美元，漂移 10%。已实现波动率和隐含波动率都是 30%，利率是 0。每个交易者需要选择最能匹配他们需求的行权价。

表 7-6　不同行权价下，3 个月认购期权多头头寸的预计表现（标的股票价格为 100 美元，漂移为 10%，波动率 30%，利率为 0）

行权价（美元）	平均损益（美元）	平均收益率（%）	中位数收益率（%）	90% 分位收益率（%）	盈利概率（%）	GSR
80	2.41	11.8	10.4	116.9	52	0.34
85	2.26	14.1	9.7	145.7	50	0.33
90	2.04	16.9	4.2	185	48	0.32
95	1.75	20.2	−13.1	237.6	44	0.31
100	1.43	23.8	−57.6	305.8	37	0.27
105	1.10	27.8	−100	387.8	31	0.25
110	0.80	32.0	−100	470.4	24	0.23
115	0.56	36.6	−100	509.0	17	0.20
120	0.37	41.3	−100	378.3	12	0.16

该分析假设我们为期权的波动率水平支付正确的价格。如果支付过多，结果看起来会更糟。即使是纯方向性交易，隐含波动率也是非常重要的。结果在表 7-7 中展现。假设隐含波动率是 30%，但是已实现波动率只有 22%（这和典型的方差溢价相关）。如果想交易的行权价对应的期权隐含波动率和平值期权隐含波动率不同，影响就不得不被考虑在内。

（有趣的是，行权价为 120 美元的 GSR 比行权价为 105 美元、110 美元和 115 美元的更好，这是由极端偏度造成的。）

表 7-7　不同行权价下，3 个月认购期权多头头寸的预计表现（标的股票价格为 100 美元，股价变动为 10%，隐含波动率 30%，已实现波动率 22%，利率为 0）

行权价（美元）	平均损益（美元）	平均收益率（%）	中位数收益率（%）	90% 分位收益率（%）	盈利概率（%）	GSR
80	2.16	10.6	10.4	86.5	54	0.37
85	1.74	10.8	9.7	106.8	53	0.33
90	1.12	9.3	4.2	133.4	50	0.24
95	0.43	4.9	−13.1	166.3	43	0.10
100	−0.17	−2.6	−57.6	201.9	36	−0.04
105	−0.53	−13.3	−100	230.6	26	−0.19
110	−0.65	−26.0	−100	222.1	18	−0.21
115	−0.60	−39.8	−100	100.7	11	−0.21
120	−0.47	−53.1	−100	−100	6	−0.06

基本考虑因素

目前为止，假设我们只是预测平均值和方差。有时我们可能有更复杂的观点。例如，在欧洲美元市场非常常见的是，交易者倾向于以离散增量进行预测。举个例子，有 40% 的概率会下降 25 个基点，而并非连续的结果，即 5% 的平均收益。

在这些例子中，每个行权价都应该用不同的主观漂移参数来评估。虽然，鉴于交易者对某个概率分布的偏见，只会基于已经存在的观点进行分析。

大多数其他产品的交易者应该谨慎，询问自己对于分布的预测是否会产生预期价值。预测波动率很难，预测收益更难。预测完整分布很可能是过度自信的表现。

本章小结

　　"应该买哪个行权价的期权"，这个问题没有简单的答案。用最大化平均收益、中位数收益还是收益概率来作为决策依据，会导致不同答案。同时，也可以考虑一些别的统计量。交易者的标准也很有可能根据其投资组合的其余部分而变化。决定需要根据个人用途和具体情况做出。

本章要点

- ▶ 通过将 BSM 模型中的股利替代为漂移参数，可以获得依赖于收益的主观期权价格。
- ▶ 这些价格并非无套利，但是可以用来推导真实世界的统计量（相对于风险中性的统计量）。
- ▶ 不同的评价标准会推导出不同的最优行权价格。

第 8 章

期权方向性交易策略选择

除了选择行权价和到期时间之外，交易者们还需要决定采取何种策略。有非常多的期权结构可以被用来进行方向性交易，但这里我们将仅讨论基本策略：买入认购、买入认购价差、卖出认沽期权、卖出认沽价差、风险逆转策略。

我们可以用各种风险指标比如夏普比率、GSR、凯利比率（Kelly ratio）来构造最优的头寸矩阵。这种做法并不愚蠢，但是可能会产生一些问题：

> ▶ 不同的标准会推荐不同的结构，但没有一个可以体现投资者的实际效用。所有的标准都是有用的指引，但都不是完全可靠的。

> ▶ 用这种方法的常见结果是不同策略之间的差异很小。

> ▶ 不同的风险指标都是基于我们的正确预测。但是更重要的是要知道当我们预测错误时会发生什么。尽管有可能计算出这些比率的导数（比如 GSR 相对于收益的导数），但更加有意义的是再进行一次模拟。

买入股票

这是我们的基础。我们买入 100 股股价为 100 美元的股票。我们预期股票收益为 20%，已实现波动率是 30%。如果我们的收益预期是正

确的，则 1 年后的对数正态损益分布如图 8-1 所示，统计概况如表 8-1
所示。

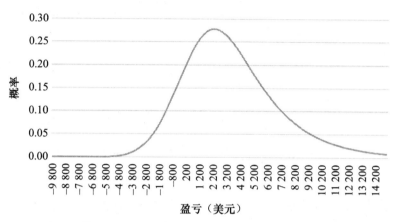

图 8-1 100 股 100 美元股票的损益分布（预期股票收益为 20%，已实现波动率是 30%）

表 8-1 100 股 100 美元股票损益的统计概况

平均值	2 640 美元
标准差	3 736 美元
偏度	1.12
超额峰度	2.73
中位数	2 214 美元
90% 分位数	7 940 美元
最大值（10 000 次路径模拟）	27 220 美元
10% 分位数	−1 660 美元
最小值（10 000 次路径模拟）	−6 260 美元
盈利概率	75%

买入认购期权

考虑买入一个 1 年期的平值认购期权，标的股票价格为 100 美元，利率是 0。我们预期股票收益是 20%，隐含波动率和已实现波动率都是 30%。如果我们的收益预期是正确的，则 10 000 次路径模拟后的损益分布如图 8-2 所示，统计概况如表 8-2 所示。认购期权的初始价值是 11.92 美元。

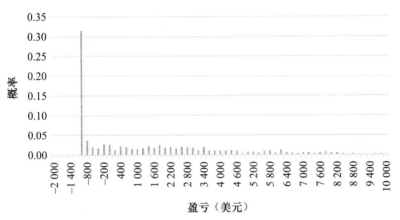

图 8-2　1 年期平值认购期权的损益分布（股票价格 100 美元，预期收益 20%，已实现和隐含波动率均是 30%，利率为 0）

表 8-2　1 年期平值认购期权损益的统计概况（股票价格 100 美元，预期收益 20%，已实现和隐含波动率均是 30%，利率为 0）

平均值	1 516 美元
标准差	3 198 美元
偏度	1.66
超额峰度	4.12
中位数	538 美元
90% 分位数	5 843 美元
最大值	23 068 美元

	（续）
10% 分位数	−1 192 美元
最小值	−1 192 美元
盈利概率	58%

如果我们买入 100 股股票，我们的中位数收益是 2 200 美元。期权权利金是对杠杆和有限亏损所付出的成本。认购期权相当于（但不完全一样）持有股票多头和行权价止损订单两者的组合。止损订单会扼杀掉一些或许可以扭亏为盈的交易。但是期权不会这样，这是支付期权权利金的好处。

买入认购价差

我们买入 1 年期的平值认购期权，卖出 Delta 为 0.2 的认购期权（行权价为 135 美元）。10 000 次路径模拟后的损益分布如图 8-3 所示，统计分析如表 8-3 所示。认购价差的初始价值是 9.04 美元。

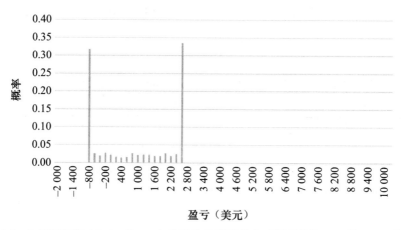

图 8-3　1 年期平值（Delta 为 0.2）认购价差损益分布（股票价格 100 美元，预期收益 20%，已实现和隐含波动率均是 30%，利率为 0）

表 8-3　1 年期平值（Delta 为 0.2）认购价差损益分布的统计概况

平均值	819 美元
标准差	1 502 美元
偏度	0.01
超额峰度	−1.76
中位数	759 美元
90% 分位数	2 596 美元
最大值	2 596 美元
10% 分位数	−904 美元
最小值	−904 美元
盈利概率	58%

损益分布类似于有止损和止盈的多头头寸。尽管损益分布和正态分布差异很大，但是极端值和偏度也消失了。

指数期权的隐含偏度很大程度上意味着你会以低于平值波动率的价格卖出认购期权。在其他期权产品中，你会因卖空而获得溢价。这改变了期权的初始价格和收益，但是不会改变最终分布的形状。

认购价差相较于单一认购的一大好处与心理相关。当持有认购期权，尤其是虚值认购时，你在为极端的上涨支付价格。这意味着你需要继续持有该期权。许多交易者很难做到这点（在我的经验里，业余选手不能承受损失，而专业选手则太倾向于获利了结）。与其和这种心理倾向做斗争，倒不如买入认购价差而非单腿认购期权。卖出期权可以获得收益，同时认购价差的建仓成本更低。

卖出认沽期权

我们卖出 1 年期平值认沽期权。10 000 次路径模拟后的损益分布如图 8-4 所示，统计分析如表 8-4 所示。认沽期权的初始价值是 11.92 美元。

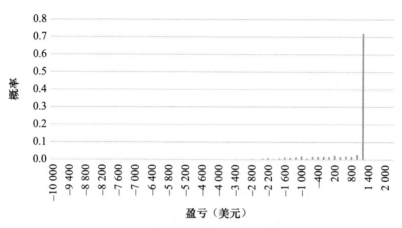

图 8-4 卖出 1 年期平值认沽期权的损益分布（股票价格 100 美元，预期收益 20%，已实现和隐含波动率均是 30%，利率为 0）

表 8-4 卖出 1 年期平值认沽期权损益的统计概况（股票价格 100 美元，预期收益 20%，已实现和隐含波动率均是 30%，利率为 0）

平均值	706 美元
标准差	986 美元
偏度	−2.22
超额峰度	4.53
中位数	1 192 美元
90% 分位数	1 192 美元
最大值	1 192 美元
10% 分位数	−843 美元
最小值	−5 172 美元
盈利概率	78%

选择卖出认沽而非买入认购意味着相比于更大的平均收益和更正偏，更加偏好大概率的小收益。

备兑期权

备兑期权包含股票的多头头寸和股票认购期权的空头。作为收取期权权利金的交换，投资者的收益存在上限。备兑认购期权到期时的损益如图 8-5 所示，备兑期权的行权价是 100 美元，期权价格是 5 美元。

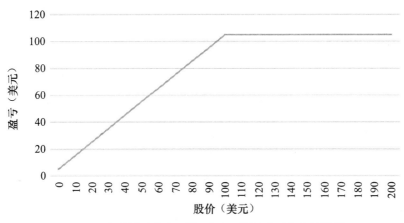

图 8-5　备兑认购期权到期时随股价波动而产生的损益

综合来看，备兑期权和卖出认沽期权相同。相较于在持有股票多头基础上卖出认购期权，投资者有时会选择卖出认沽期权，同时持有足量的现金来保证在被行权指派时有能力购买股票。综合而言，该头寸和有相同行权价的备兑期权的头寸是一致的。但是在如何以及为何使用策略上存在一些差别。

▶ 一些投资者被禁止卖出认沽期权，但是他们可以采用备兑期权策略。

▶ 虽然两种策略基本都使用虚值期权，但是选择的行权价可能不同。

▶ 卖出虚值认沽期权意味着交易者可以受益于隐含波动率溢价。

另外，两种策略对交易者的心理影响也略有不同。备兑期权的持有者乐意见到股价反弹，但是认沽期权的卖方通常认为他们错过了股价大幅反弹的行情。这是因为我们对于这两种情形的认知框架不同。备兑期权被认为是持有多头同时准备卖出，而卖出认沽则被视为等待在特定价格上做多。部分是因为不同的行权价格选择，但是这个理由依然似是而非。这不应该是策略选择的考虑因素，但在实践中是。

备兑认购期权在个人投资者中很受欢迎，主要基于"在接近行权价时，我会卖出股票，那我为什么不从中获得报酬呢"这一论点。这个理由很单薄，但是备兑认购期权是少有的受个人投资者欢迎的策略，其运作良好且有效。长期来看，备兑策略以较低的风险提供了类似股票的回报。以 CBOE 的备兑策略指数为例。这个策略包含持有标普资产组合，同时卖出 1 个月的轻度虚值认购期权并持有到期。策略表现以及标普 500 指数走势（包括股利）如图 8-6 所示，统计概况如表 8-5 所示。

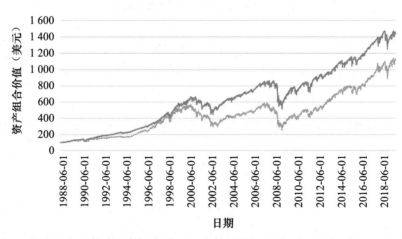

图 8-6　CBOE 备兑策略指数和标普 500 指数的表现对比（1988 年 6 月～ 2019 年 9 月）

表 8-5　BXM 和标普 500 指数的统计概况

统计量	BXM	标普 500 指数
年化收益	8.5%	7.7%
波动率	12.6%	17.3%
最大回撤	40.1%	56.8%
偏度	−0.67	−0.29

通过观测 BXY（卖出 2% 的虚值认购）和 BXMD（卖出 Delta 为 0.3 的认购）的表现，我们可以看到备兑期权的优异表现是稳定的。结果如表 8-6 所示。

表 8-6　BXY、BXMD 和标普 500 指数的统计概况（1988 年 6 月～ 2019 年 7 月）

统计量	BXY	BXMD	标普 500 指数
年化收益	8.6%[①]	10.3%	7.7%
波动率	12.6%	14.7%	17.3%
最大回撤	40.1%	46.9%	56.8%
偏度	−0.67	−0.46	−0.29

①原文疑有误。BXY 的统计数据应该与表 8-5 中的一致，为 8.5%。——译者注

备兑期权收益的组成

到目前为止，对行权价格的讨论主要集中在期权的风险特征上。在选择时我们同样需要考虑期权盈利的驱动因子。我们以备兑期权为例。这是最简单的可能的期权头寸，但是分析是普遍适用的。

备兑期权能以较低波动提供类似股票的收益，源于两类收益因子：

股票市场的风险因素和波动率溢价。在股票头寸基础上卖出认购期权减少了组合对股票的风险敞口，同时增加了波动率空头的风险敞口。备兑期权的较低波动性是由于两个因子的分散风险作用。

　　考虑现价是 100 美元的股票。我们假设股价每年增长 10%，波动率是 15%。假设股利和利率是 0。同时我们卖出隐含波动率是 20% 的 1 年期认购期权。

　　用已实现波动率来计算时，平值备兑期权的 Delta 是 0.47，股票升值 10% 带来的收益是 4.7%（一阶近似值）。期权价格是 7.97 美元（比按已实现波动率计算的价格高 2 美元）。因此期权卖方得到的期权权利金中有 25% 来源于波动率溢价。也就是说，我们预期卖出波动率溢价可以获得年化 2% 的收益。这里备兑期权的预期总收益率是 6.7%。尽管这个例子中收益率比股票收益率低，但波动也更低。

　　很显然，这种理论收益分解随着波动率溢价的不同而不同，实际收益也受到已实现波动率和股票收益率影响。此外，卖出认购期权行权价及到期时间的选择决定了收益的分配，多少来自波动率，多少来自方向性收益。

　　首先我们假设所有行权价的方差溢价相同，那么收益分解就是行权价的函数，如图 8-7 所示。

　　我们可以发现，尽管股票的溢价是行权价的增函数，但是最高波动率溢价出现在略高于当前股价的行权价上。这是 Vega（期权价值对波动率的敏感程度）最大的地方，因此也是波动率溢价最大的地方。

　　注意，如果没有波动率溢价，备兑期权的收益仅仅是股票的收益乘以 Delta（期权对股票价格的敞口）。这是最重要的概念。只有存在波动率溢价时卖出期权才有意义。更进一步来说，如果投资者对于波动率溢价的存在特别自信，那么他应该按照平值虚一档的行权价卖出期权。相反地，如果对股价收益更有自信，他应该卖出深度虚值期权。不同投资者的预测能力不同，这意味着他们会选择不同的期权结构。

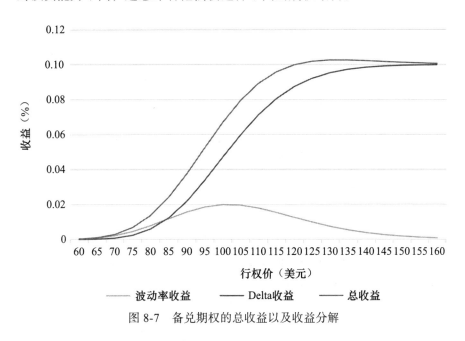

图 8-7　备兑期权的总收益以及收益分解

备兑期权以及基本面

众所周知，价值股、动量股、低 Beta 股以及小盘股通常表现很好。因此投资者应该优先持有这些股票。遗憾的是，除动量股外，上述其他类别的股票通常具有最低的方差溢价。这意味着投资者需要在更好的 Delta 表现以及更好的方差表现之间做权衡，并做出相应的行权价选择。当然这种选择取决于个人投资者自身的能力。

同样重要的是，需要注意到方差溢价和之后的股价收益（优势的两大来源）并非完全独立。高方差溢价预示着未来更高的股价回报。很多研究论证表明个股以及指数期权都存在这种效应。这种效应强烈到可以作为时间信号：方差溢价高的时候是建立备兑期权头寸的合适时机。

对于这种效应的一些解释十分复杂，但简单来说，就是股票市场有上涨趋势，波动率会在股价有所下跌时上升，因此高方差溢价往往和股票暂时性下跌相关。

卖出认沽价差

我们卖出 1 年期平值认沽期权，买入 Delta 为 0.2 的认沽期权（行权价格为 81）。10 000 次路径模拟后损益分布如图 8-8 所示，统计概况如表 8-7 所示。价差的初始价值是 8.11 美元。

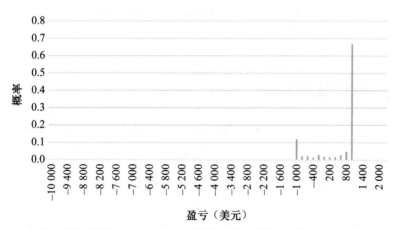

图 8-8　卖出 1 年期平值和 Delta 为 0.2 的认沽价差的损益分布（股票价格 100 美元，预计收益 20%，已实现和隐含波动率均是 30%，利率为 0）

表 8-7　卖出 1 年期平值和 Delta 为 0.2 的认沽价差的统计概况（股票价格 100 美元，预计收益 20%，已实现和隐含波动率均是 30%，利率为 0）

平均值	422 美元
标准差	680 美元
偏度	−1.42
超额峰度	0.43
中位数	811 美元
90% 分位数	811 美元
最大值	811 美元
10% 分位数	−1 072 美元
最小值	−1 089 美元
盈利概率	78%

不幸的是，在多数产品中，买入认沽期权的隐含波动率显著高于卖出平值期权。比如 Delta 为 0.2 的标普 500 认沽期权的隐含波动率是平值期权的 1.36 倍。所以，如果平值期权的隐含波动率是 30%，那么我们将为买入 Delta 为 0.2 的认沽期权支付 40.8% 的隐含波动率。这不会极大地改变损益分布的形状，但会极大地拖累收益（如表 8-8 所示）。

在关于"保守"的很多策略中，卖出价差策略是最保守的方向性策略。卖出价差有很高的胜率、很高的中位数以及有限的亏损。

表 8-8　卖出 1 年期平值和 Delta 为 0.2 的认沽价差的统计概况（股票价格 100 美元，预计收益 20%，隐含波动率分别为 30% 及 40.8%，已实现波动率为 30%，利率为 0）

平均值	216 美元
标准差	720 美元
偏度	−1.52
超额峰度	0.62

（续）

中位数	634 美元
90% 分位数	634 美元
最大值	634 美元
10% 分位数	−1 404 美元
最小值	−1 666 美元
盈利概率	76%

风险逆转策略

我们卖出 1 年期的 Delta 为 0.2 的认沽期权，买入 Delta 为 0.2 的认购期权。10 000 次路径模拟后的损益分布如图 8-9 所示，统计概况如表 8-9 所示，头寸的初始价值是 93 美元。

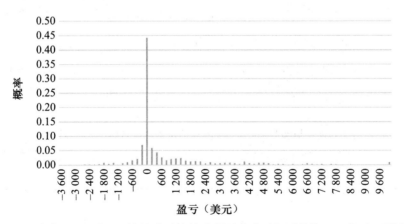

图 8-9　1 年期 Delta 为 0.2 的风险逆转策略损益分布（股票价格 100 美元，预计收益 20%，已实现和隐含波动率均是 30%，利率为 0）

表 8-9　1 年期 Delta 为 0.2 的风险逆转策略的统计概况（股票价格 100 美元，预计收益 20%，隐含和已实现波动率为 30%，利率为 0）

平均值	948 美元
标准差	2 140 美元
偏度	2.69
超额峰度	9
中位数	79 美元
90% 分位数	3 666 美元
最大值	22 680 美元
10% 分位数	−251 美元
最小值	−3 802 美元
盈利概率	85%

　　虽然头寸的初始 Delta 为 0.4，但是 Delta 随着股票价格的变动而变动。这反映在其最大损益和持有股票多头几乎相同这一事实上。在不寻常的大幅波动中，Delta 从 0.2 变为 1，风险逆转策略类似股票多头头寸。但是风险逆转策略比股票多头有更低的平均值和中位数。有时即使股票价格上涨，认购期权多头到期时依然没有价值。中位数正值的原因在于头寸建立时价值为正。

　　在绝大多数市场中，由于虚值认沽期权的隐含波动率较高，我们可以从卖出 Delta 为 0.2 的认沽期权中获益。同时对于指数来说，我们会以低于平值的波动率买入 Delta 为 0.2 的认购期权。以标普 500 指数为例，Delta 为 0.2 的认购期权现在的波动率是平值认购期权的 0.77。在此假设下，统计概况如表 8-10 所示。当存在偏度时，头寸的表现更好归因于我们获得的溢价。头寸的初始价值是 330 美元。

表 8-10　1 年期 Delta 为 0.2 的风险逆转策略的统计概况（股票价格 100 美元，预计收益 20%，认购期权隐含波动率 23.1%，认沽 40.8%，已实现波动率 30%，利率为 0）

平均值	1 430 美元
标准差	2 320 美元
偏度	2.69
超额峰度	10.2
中位数	366 美元
90% 分位数	4 448 美元
最大值	27 262 美元
10% 分位数	85 美元
最小值	−3 205 美元
盈利概率	91%

由于我们在此头寸上积累了合理溢价，我们仍然可以购买一份深虚认沽期权来对冲下行风险。举个例子，Delta 为 0.05 的指数认沽期权的隐含波动率是平值期权波动率的 1.7 倍。在这种情况下，深度虚值认沽期权的隐含波动率是 51%，期权价格是 1.28 美元。这将头寸的初始价值降低到 202 美元，并同等降低了平均值和分位数。

这种对冲下行风险的风险逆转策略是我个人最喜欢的牛市方向性策略。它具有以下特征：

- ▶ 具有有限的下行风险。
- ▶ 具有很大盈利的可能。
- ▶ 利用了偏度溢价优势。

编外语：风险逆转作为一种偏度交易

如上所证，风险逆转是一种从隐含偏度溢价中获益的有效方式。但是，尽管有很多相悖的观点，在隐含偏度本身变动上交易并不是特别有用。尽管隐含偏度也会波动，但其波动的幅度和股价波动、隐含波动率水平相比，影响甚微。

考虑刚刚提到的风险逆转策略。假设我们认为偏度会下降，那么我们卖出认沽期权，买入认购期权。如果我们认为认沽的波动率相较平值的波动率比值会降低，同时认购的比值会上涨，我们的收益将会是：

$$收益 = Vega_{认购}(\sigma_{新认购} - \sigma_{原认购}) + Vega_{认沽}(\sigma_{原认沽} - \sigma_{新认沽}) \quad (8\text{-}1)$$

考虑标的为 100 美元股票的 1 个月期的风险逆转策略。Delta 为 0.2 的认沽期权（行权价为 91 美元）的隐含波动率是 40.8%，Delta 为 0.2 的认购期权的隐含波动率是 23.1%。由于我们认为偏度会下降，于是卖出认沽期权，买入认购期权。表 8-11 展示了在不同偏度下降程度下的收益情况。

表 8-11　卖出 Delta 为 0.2 的风险逆转策略在不同偏度下降程度下的收益情况

认沽波动率	0.408	0.398	0.388	0.378
认购波动率	0.231	0.241	0.251	0.261
风险逆转价值	0.43	0.25	0.08	−0.09
收益（美元）	0	18	35	52

但是，波动率为 30% 的 100 美元股票的预期每日波动是 1.50 美元。如果股价跌到 98.5 美元，风险逆转策略损失 94 美元。如果股价上涨到 101.5 美元，风险逆转策略获利 16 美元。股价随机波动产生的每日平均损益是 55 美元。即使单日隐含曲线在认沽及认购期权上均降低 3 个波动点，偏度相关的损益依然不如 Delta 或 Gamma 的损益，而且极不可能在交易次日就发生偏度变动。这种分析也忽略了波动率曲线的变化以及股票收益与隐含偏度之间的相关性影响。长期期权的 Gamma 较小，受其影

响也较小，同时 Vega 更大，从而更能从隐含波动率变化中获利。但是，长期期权的隐含波动率曲线比短期曲线稳定得多。

用这种方式获利是有可能的。利用隐含偏度反转的想法有一定道理。但是对偏度进行预测带来的优势很有可能被干扰信息抵消。

比率价差

尽管所有期权方向性头寸都依赖于波动性，但其中部分策略对波动的依赖性更高。比率价差是个极端的例子。虽然它们经常被用作方向性交易，但它们的主要风险敞口是波动。它们损益图类似于断翅的蝶式策略，我们一直认为蝶式策略主要是波动性头寸。

买入 1 年期的平值认购期权，卖出 2 份 Delta 为 0.2 的认购期权。10 000 次路径模拟后的损益分布如图 8-10 所示。统计概况如表 8-12 所示。头寸的初始价值是 −749 美元。

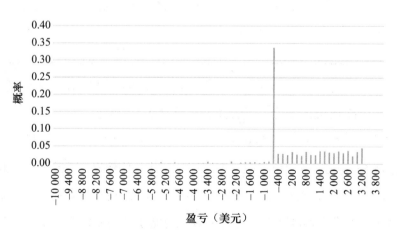

图 8-10　1 年期平值和 Delta 为 0.2 的认购期权 1∶2 比率价差的损益分布（股票价格 100 美元，预计收益 20%，已实现和隐含波动率均是 30%，利率为 0）

表 8-12　1 年期平值和 Delta 为 0.2 认购期权 1 : 2 比率价差①的统计概况

平均值	381 美元
标准差	1 780 美元
偏度	–1.10
超额峰度	5.20
中位数	190 美元
90% 分位数	2 670 美元
最大值	3 140 美元
10% 分位数	–749 美元
最小值	–15 230 美元
盈利概率	52%

① 原书为"risk reversal"，根据上下文译者认为此处应该是"ratio spread"，故译为比率价差。——译者注

正如我所强调的，在期权交易中几乎没有什么硬性的规则，但是最好避免构建买入期权然后卖出另一个期权的比率价差。在寻找交易优势方面，交易者需要对波动性和方向有良好预测。预测其中任意一个都很难，更不用说对两者同时进行预测了。在方向性和波动性交易上都存在其他更好的选择。通过卖出 2 份期权来覆盖买入 1 份期权的成本是有吸引力的，但这只能通过承担无限的风险来实现。如果交易者有足够的交易优势（在波动性或方向上），那么他不应该害怕支付期权权利金。天下没有免费的午餐，也没有免费的期权头寸。

交易比率价差的另一个原因是卖出高隐含偏度。通常使用认沽期权，因为认沽期权往往有更明显的隐含偏度。通过卖出 2 份深虚期权，交易者可以在较高的隐含波动率处卖出波动率，并通过买入 1 份期权降低风险。这种交易存在上一节中提及的所有问题。在交易想法不是特别好的情况下，比率价差将是一个更糟糕的策略选择。

如果想要获得偏度溢价，最安全的方法是卖出认沽期权价差，而不是通过买入认购期权价差作为补偿。买入的认沽期权几乎肯定是隐含波动率最高的期权，但是因为卖出的认沽期权较平值期权仍存在波动率溢价，因此该头寸仍然是卖出隐含偏度。

使用比率价差的一种有效方法是买入 2 份期权并卖出 1 份，作为一种相对便宜的重大灾难对冲手段。如果期权是深度虚值的，希望只在市场巨大的行情波动中发挥作用，最后我们的头寸会变成做多 Vega 以及净期权多头（最稳健的风险控制因素）。该交易仍然不是免费的午餐。如果不是崩盘，而是缓慢下跌，我们最后会变成做空 Gamma，同时为 Theta 付费。但是糟糕的情况是缓慢变化的，我们至少可以再平衡组合。这会产生交易成本，但至少我们有机会交易。

举个例子，2019 年 10 月 23 日 SPY 的价格是 299 美元，我们可以以 0.16 美元的价格卖出 11 月 15 日到期的行权价为 266 美元的认沽期权，以 0.1 美元的价格买入 2 份行权价为 258 美元的认沽期权。同样是 0.04 美元的成本，我们本可以购买行权价为 241 美元的认沽期权。显然在几乎所有情况下，我们都会损失 0.04 美元的期权费。在评估这些头寸时重要的不是整体概率分布，而是我们对崩盘的看法。两种头寸下的风险情况如表 8-13 和表 8-14 所示。10 月 23 日，平值期权的波动率是 11.4%。为了估计各标的价格对应的隐含波动率，我们可以用回归模型来发现价格和波动率的历史关系。对于正常的交易目的，这样的模型是有用的，但是对于尾部事件的参数估算，如果模型给出了错误预测，最好的情形是模型无效，大部分情形可能是危险的。而我会按照自己的想法调整模型参数，并对波动率保持悲观预期。

表 8-13　行权价为 241 美元的认沽期权的风险分析

SPY 价格变动	−30%	−20%	−10%
波动率假设	120%	80%	30%
Delta	−0.61	−0.41	−0.07
Vega	2 120 美元	2 515 美元	965 美元
损益	4 650 美元	2 070 美元	65 美元

表 8-14　行权价为 258 美元、266 美元的认沽期权 1∶2 比率价差的风险分析

SPY 价格变动	−30%	−20%	−10%
波动率假设	120%	80%	30%
Delta	−0.68	−0.53	0.14
Vega	2 050 美元	2 556 美元	−410 美元
损益	5 300 美元	2 560 美元	42 美元

人们可能会争论，在"小幅"崩盘的情形下，单一深虚认沽期权头寸的表现更好，因为它留给我们的是空头 Delta 和多头 Vega，尽管盈亏优势很小。然而，在巨幅崩盘的情形下，比率价差能够提供更好的保护。

本章小结

与波动率头寸选择一样，当使用期权进行方向性交易时，不存在"最佳"策略。最重要的考虑可能是方差溢价是低还是高，相较于风险偏好，这是做多或做空期权更为重要的决策因素。然后交易者可以根据对胜率、最大利润和最大损失等的偏好来决定期权结构。最后，通过考虑第 7 章中讨论的风险特征来选择行权价。

本章要点

▶ 在期权方向性交易策略上，方差和偏度溢价是最重要的因素。

▶ 单一期权头寸在利润和预测成功性之间具有最佳相关性。

▶ 价差对于降低交易对方差溢价的依赖性很有用。它们还能设置止损线（或利润目标），可作为风险管理工具，但是预测标的价格范围太难了，以至于难以持续。

第 9 章

交易规模

显而易见，良好的风险管理并不能使一个预期不能获利的策略变得有利可图。虽然风险管理可以通过动态改变交易规模，并使用止盈止损策略来改变策略的收益分布，但是除非该策略在某些方面存在真正的优势，否则它终将会亏损。然而，这并不意味着盈利与风险管理无关。糟糕的风险管理可以导致一个潜在盈利的策略转为亏损的策略。同时，由于风险管理是交易过程中唯一完全由交易员控制的部分，因此我们有必要尽可能地做好它。

在本章中，我将重述为什么凯利准则是交易规模框架的基准，并且审视两个交易期权时特别重要的扩展问题：非正态的交易收益和收益分布的不确定性。

凯利准则

众所周知，理论上，按照凯利准则进行投资可以胜过其他任何规模策略，毕竟其他规模策略都不能产生更大的长期增长率。但是，这并不意味着每个人都应试图或者想要按照凯利准则进行投资。以下三点原因对这一现象做出了解释：

▶ 虽然按照凯利准则进行投资可以使资金的长期增长率最大化，但是追求其他目标也是完全合理的。例如，很多交易员对于如何在特定时间内达到目标的可能性最大化更感兴趣。显然，没有人的效用函数能简单到像凯利准则使用的对数函数那样。

▶ 有些交易员试图否定数学推导过程。他们不喜欢波动的收益分布，并认为这是系统的缺陷。其实不然。无论你是否认同凯利所说的，凯利准则都是客观真实的数学事实。人们通常将他们不喜欢的情况与事实相混淆，例如进化、气候变化和凯利准则。

▶ 有些人提出了关于数学的简明论据，声称凯利准则只适用于简化过的、不现实的情况。其实这大错特错了，使增长率最大化的数学原理是普遍适用的。

我在 2013 年的著作中给出了凯利准则离散和连续结果的推导，并探讨了当我们按该准则投资时我们可预期的结果分布。

重要结果可总结如下。

凯利准则的优点

▶ 使增长率最大化。

▶ 使达到任何目标的期望时长最小化。

▶ 使破产变得不可能。

▶ 该策略仅取决于当前的资金规模，而不是特定交易结果。

▶ 本质上是无懈可击的。

凯利准则的缺点

▶ 最好的投资可能会使交易规模异常得大。

▶ 资产组合会有较大的波动率和回撤。

▶ 由于复利的原因，相同次数的盈利和亏损最终导致资产组合净亏损的情况很常见。

现在我们看一下对于交易员，尤其是期权交易员非常重要的两个扩展问题。当结果分布高度非正态时会发生什么，以及当我们对结果和概率不确定时会发生什么？

这是同一个总体问题的两个方面。交易能否成功很大程度上取决于我们的想法是否可靠，但目前我们对此并不确定。我们的知识很可能并不完整，并且只是部分正确的，尤其是我们不了解罕见事件的真实概率。这些罕见事件会导致结果分布的非正态性，并且由于它们很少发生，因此它们将是不确定性最高的事件。

为了介绍这些想法，我们首先来看一种相对不太实际的离散交易结果的情况。

非正态离散结果

假设我们有一个离散的结果集 W_i，每个结果对应的可能性为 p_i。我们把资金的一部分 f 投入到每个机会中。因此，每笔交易的收益因子为

$$G = \prod_i (1 + fW_i)^{p_i} \tag{9-1}$$

或者，每单位投资的指数增长率为

$$\sum_i p_i \log(1 + fW_i) \tag{9-2}$$

为了得到使指数增长率最大化的 f 的值，我们对 f 求导并使其等于 0。如果 i 超过了 2，那么这种解法就会很笨拙甚至无法解出，我们就需要使用数值方法。下面这个数值解法的简单例子说明这一问题。

第一种情形

p_1=0.55

p_2=0.45

W_1=1

W_2=-1

（55% 的概率获得盈利 1 美元，45% 的概率亏损 1 美元）

这表明 f_{max}=0.1。指数增长率与 f 的关系如图 9-1 所示。

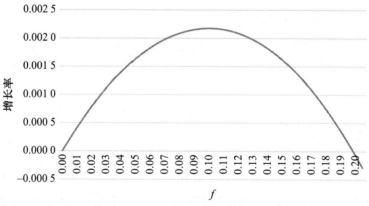

图 9-1　指数增长率与函数 f 的关系（p_1=0.55，p_2=0.45，W_1=1，W_2=-1）

重新考虑的情形

p_1=0.55

p_2=0.43

$p_3 = 0.02$

$W_1 = 1$

$W_2 = -1$

$W_3 = -3$

这里极端事件的概率 p_3 很低，以至于我们可能很容易根据历史数据错误地估计它。但是，这个微小的概率并不可以忽略。资产增长率如图 9-2 所示。

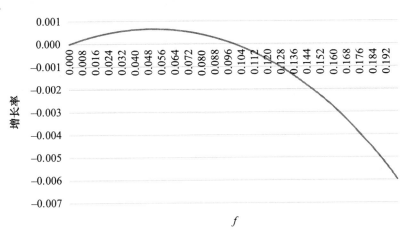

图 9-2　增长率函数 $f(\ p_1 = 0.55,\ p_2 = 0.44,\ p_3 = 0.01,\ W_1 = 1,\ W_2 = -1,\ W_3 = -3)$

在这个例子中 f_{max} 为 0.5[⊖]，是第一种情形中的 f_{max} 的一半，并且当 $f > 0.1$ 时，增长率变为负数。当我们估算参数时，很容易忽略只有 2% 概率发生的事件。而如果我们错误地认为 $p_3 = 0$，计算得到的交易规模将带来负的收益。

　⊖　原书疑有误，应为 0.05。——译者注

当收益是连续结果时，这一现象本质上与收益是离散结果时相似。因为连续情形与交易更相关，所以当我们推导解决这些问题的方法时，要假设收益是连续的。

非正态连续结果

我们对于交易结果具有确定的连续分布的情形更感兴趣，假设在每个时期的初始，我们将资金的一部分 f 进行投资，那么

$$B_n = B_{n-1} + fB_{n-1}g(X_n) \tag{9-3}$$

其中 B_n 是随机变量，表明第 n 次交易后的结果，第 n 次交易的收益函数是 $g(X_n)$。经过 n 次交易之后，我们的资金规模将会是

$$B_n = B_0 \prod_{i=1}^{n} \left[1 + fg(X_i)\right] \tag{9-4}$$

现在我们对等式取对数：

$$\ln\left(\frac{B_n}{B_0}\right) = \sum_{i=1}^{n} \ln\left[1 + fg(X_i)\right] \tag{9-5}$$

所以

$$E\left[\ln\left(\frac{B_n}{B_0}\right)\right] = nE\left\{\ln\left[1 + fg(X_n)\right]\right\} \tag{9-6}$$

$$= n\int \ln[1 + fg(x)]\Phi(x)\mathrm{d}x \tag{9-7}$$

其中 $\Phi(x)$ 是描述交易结果的分布函数。如果我们使上述等式相对于资金

比例 f 最大化，发现得到最优值时满足以下等式：

$$\int \frac{g(x)\Phi(x)\mathrm{d}x}{1+fg(x)} = E\left[\frac{g(x)}{1+fg(x)}\right] = 0 \tag{9-8}$$

对该等式应用泰勒展开（Taylor expansion）得到

$$0 = \int g\Phi(1+fg)^{-1}\,\mathrm{d}x \tag{9-9}$$

$$= \int g\Phi(1-fg+f^2g^2+\cdots)\mathrm{d}x \tag{9-10}$$

$$= \int g\Phi\mathrm{d}x - f\int g^2\Phi\mathrm{d}x + f^2\int g^3\Phi\mathrm{d}x + \cdots \tag{9-11}$$

如果我们将每单位投资的收益按

$$\int g(x)\Phi(x)\mathrm{d}x \equiv \mu \tag{9-12}$$

表示，则上述等式可以被简化。进一步来说，

$$\int g^2(x)\Phi(x)\mathrm{d}x \equiv \mu^2 + \sigma^2 \tag{9-13}$$

$$\int g^3(x)\Phi(x)\mathrm{d}x \equiv \lambda_3 \tag{9-14}$$

$$\int g^4(x)\Phi(x)\mathrm{d}x \equiv \lambda_4 \tag{9-15}$$

其中 λ_3 和 λ_4 分别为 Φ 的三阶矩和四阶矩。

所以，如果 f 很小，我们可以将泰勒展开的第一项以后截断，得到

$$f_{\max} \approx \frac{\mu}{\mu^2 + \sigma^2} \qquad (9\text{-}16)$$

当 μ 很小时，我们可以再进一步近似为

$$f_{\max} \approx \frac{\mu}{\sigma^2} \qquad (9\text{-}17)$$

对于连续结果的交易，这是凯利比率的一般表达式，但是这只是一个近似值。而且当我们处在一个偏度大小很重要的情形中时，我们将保留式（9-13）的第三项，得到一个更精确的近似式：

$$0 = \mu - f\left(\mu^2 + \sigma^2\right) + f^2 \lambda_3 + \cdots \qquad (9\text{-}18)$$

我们对上述等式求解可以得到

$$f_{\max} = \frac{\mu^2 + \sigma^2 \pm \sqrt{\left(\mu^2 + \sigma^2\right)^2 - 4\lambda_3 \mu}}{2\lambda_3} \qquad (9\text{-}19)$$

当且仅当

$$\left(\mu^2 + \sigma^2\right)^2 > 4\lambda_3 \mu \qquad (9\text{-}20)$$

成立时，式（9-19）有实数解。这是我们草率使用近似值的局限。

此外，式（9-19）的两个根哪一个是正确的并不容易判断。而且，当偏度为 0 时，这样求解可能会产生奇点。我们可以通过取偏度趋近于 0 的极限来解决这些问题。

在这样做之前我们先说明，当 b 相对于 a 很小时

$$\sqrt{a-b} = \sqrt{a\left(1-\frac{b}{a}\right)} \approx \sqrt{a}\left(1-\frac{b}{2a}-\frac{b^2}{8a^2}\right) \qquad (9\text{-}21)$$

所以，当

$$(\mu^2+\sigma^2)^2 >> 4\lambda_3\mu \qquad (9\text{-}22)$$

成立时，我们可以得到

$$\sqrt{(\mu^2+\sigma^2)^2-4\lambda_3\mu} \approx (\mu^2+\sigma^2)\left[1-\frac{2\lambda_3\mu}{(\mu^2+\sigma^2)^2}-\frac{2\lambda_3^{\,2}\mu^2}{(\mu^2+\sigma^2)^4}\right] \qquad (9\text{-}23)$$

所以式（9-19）的负根近似为

$$f_{\max} \approx \frac{\mu^2+\sigma^2-(\mu^2+\sigma^2)+(\mu^2+\sigma^2)\dfrac{2\lambda_3\mu}{(\mu^2+\sigma^2)^2}+(\mu^2+\sigma^2)\dfrac{2\lambda_3^{\,2}\mu^2}{(\mu^2+\sigma^2)^4}}{2\lambda_3} \qquad (9\text{-}24)$$

简化可得

$$f_{\max} \approx \frac{\mu}{\mu^2+\sigma^2}+\frac{\lambda_3\mu^2}{(\mu^2+\square^2)^3} \qquad (9\text{-}25)$$

所以，当交易结果为正态分布时，为了使极限情形下的结果与凯利比率形式一致（式（9-16）和式（9-17）），我们需要对式（9-19）取负根。

从从业者的角度来看，重要的是要注意负偏度会降低最佳投资的比例，正偏度会增加最佳投资的比例。图 9-3 显示了这一结果。

图 9-4 近似刻画了式（9-25）。

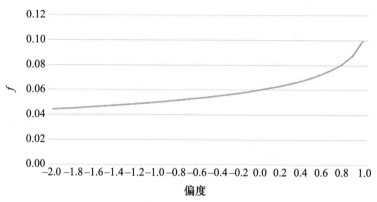

图 9-3　最佳投资比例相对于偏度的函数（收益率为 0.015，波动率为 0.5）

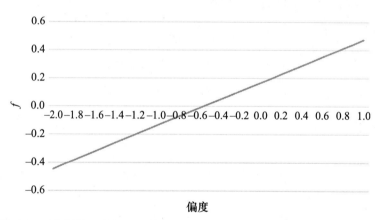

图 9-4　近似投资比例相对于偏度的函数（收益率为 0.015，波动率为 0.5）

不确定参数

最佳交易规模比例的值通常需要根据经验数据进行估算。由于经验数据始终具有采样误差和不确定性，因此交易规模参数的估计值也具有一定程度的不确定性。

这一情况在专业赌徒中是众所周知的。而且，为了减轻过分投资的风险，遵循凯利准则的投资者通常会对凯利准则进行调整，只投资最优金额的一部分。这些方案被称为"部分凯利"（fractional Kelly）规模。通过这样做，交易者要接受收益增长的下降，但也大大减少了方差。

但是，仅仅对投资比例进行缩放并不能解决一个更大的问题：投资比例被估计为正值，但实际值为负值的情形。在这种情况下，对资金进行任何一个正值的投资都将是过度投资。

为了估计发生这种情况的可能性，我们需要估计凯利比率的方差。f_{max}（式（9-17）的近似值）是一个统计估计量，并具有相关的概率分布。

首先考虑正常交易结果的情况。中心极限定理表明，均值 $\hat{\mu}$ 和方差 $\hat{\sigma}^2$ 的估计量渐近地具有以下正态分布，其中 μ 和 σ^2 分别是样本的均值和方差。

$$\sqrt{n}(\hat{\mu} - \mu) \rightarrow N(0, \sigma^2) \tag{9-26}$$

$$\sqrt{n}(\hat{\sigma}^2 - \sigma^2) \rightarrow N(0, 2\sigma^4) \tag{9-27}$$

或者，均值 $\hat{\mu}$ 和方差 $\hat{\sigma}^2$ 的估计误差可以近似表示为

$$\text{Var}(\hat{\mu}) = \frac{\sigma^2}{n} \tag{9-28}$$

$$\text{Var}(\hat{\sigma}^2) = \frac{2\sigma^4}{n} \tag{9-29}$$

式（9-17）的凯利比率表示为$f(\mu,\sigma^2)$。所以估计量就是$f(\hat{\mu},\hat{\theta})$[⊖]。均值和方差的估计误差将导致$f$的估计误差。

如果我们将θ定义为正态分布参数的列向量，则θ的估计值为$\theta = \begin{pmatrix} \hat{\mu} \\ \hat{\sigma}^2 \end{pmatrix}$。对于独立同分布的收益率，有$\sqrt{n}(\hat{\theta}-\theta) \rightarrow N[0,\mathrm{Var}(\theta)]$，其中$\mathrm{Var}(\theta)$是$\theta$的估计误差的方差。

我们将凯利比率的估计值表示为$f(\theta)$，其中$f()$在这里是凯利比率的估计值的函数。下一步我们使用增量法。

这里我们将函数$f(\theta)$的方差表示为

$$\mathrm{Var}(f) = \frac{\partial f}{\partial \theta} \mathrm{Var}(\theta) \frac{\partial f'}{\partial \theta} \tag{9-30}$$

$$n\mathrm{Var}(\theta) = \begin{bmatrix} \sigma^2 & 0 \\ 0 & 2\sigma^4 \end{bmatrix} \tag{9-31}$$

$$\frac{\partial f}{\partial \theta} = \begin{pmatrix} \dfrac{1}{\sigma^2} & \dfrac{-\hat{\mu}}{\sigma^4} \end{pmatrix} \tag{9-32}$$

所以，式（9-30）给出我们对凯利比率的估计的渐近方差为

$$n\mathrm{Var}(f) = \frac{1}{\sigma^2} + \frac{2\hat{\mu}^2}{\sigma^4} \tag{9-33}$$

如果交易的收益率不是正态分布的，我们需要运用以下结果

$$n\mathrm{Cov}(\mu,\sigma^2) = \lambda_3 \tag{9-34}$$

⊖　原书疑有误，应为$f(\hat{\theta})$。——译者注

其中 λ_3 是样本分布的三阶中心矩。现在式（9-30）表示为

$$nVar(f) = \begin{pmatrix} \dfrac{1}{\sigma^2} & \dfrac{-\hat{\mu}}{\sigma^4} \end{pmatrix} \begin{bmatrix} \sigma^2 & \lambda_3 \\ \lambda_3 & 2\sigma^4 \end{bmatrix} \begin{pmatrix} \dfrac{1}{\sigma^2} \\ \dfrac{-\hat{\mu}}{\sigma^4} \end{pmatrix} \qquad (9\text{-}35)$$

$$nVar(f) = \dfrac{1}{\sigma^2} + \dfrac{2\hat{\mu}}{\sigma^4} - \dfrac{2\hat{\mu}\lambda_3}{\sigma^6} \qquad (9\text{-}36)$$

通过式（9-19），我们无法找到交易规模比例的方差，因为偏度的方差需要针对得出结果的特定分布进行评估。总体来说，我们能做的最好的事情就是测量经验偏度，使用式（9-19）计算交易规模比例，然后使用式（9-36）估算该值附近的方差。

现在，我们使用一个真实交易结果的示例来说明将交易规模的估计误差纳入考虑的重要性。交易结果来自一个做空波动率的自营交易策略。许多此类策略的一个典型特征是，它具有正的期望值，但具有较大的负峰度。表 9-1 给出了这些交易结果的统计数据汇总，结果的分布在图 9-5 中显示。

表 9-1 期权交易的汇总统计数据

统计指标	数值
样本容量	1 000 笔
平均值	0.059 美元
标准差	1.137 美元
偏度	–6.199 美元

我们可以重新排列（并稍加修改）式（9-36），以给出凯利比率的标准差估计值的明确表达式。

$$\text{sd}(f) = \sqrt{\dfrac{\dfrac{1}{\sigma^2} + \dfrac{2\hat{\mu}}{\sigma^4} - \dfrac{2\hat{\mu}\lambda_3}{\sigma^6}}{n-1}} \qquad （9\text{-}37）$$

其中分母 $n-1$ 是因为应用了贝塞尔校正。

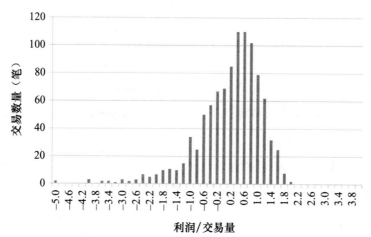

图 9-5　期权交易结果的分布

由于中心极限定理，我们知道 f 的分布是正态分布，所以我们可以计算 f 小于任意临界值 f^* 的概率。

$$\text{Prob}(f < f^*) = Z\left(\dfrac{(f - f^*)\sqrt{n-1}}{\sqrt{\dfrac{1}{\sigma^2} + \dfrac{2\hat{\mu}}{\sigma^4} - \dfrac{2\hat{\mu}\lambda_3}{\sigma^6}}}\right) \qquad （9\text{-}38）$$

其中 Z 是均值为 f，标准差为式（9-38）的计算结果的正态分布的累积分布函数。

式（9-17）表明凯利比率为 0.046，但式（9-37）表明在这个点的标准差估计值为 0.031。所以我们的点估计值仅仅比 0 高 1.4 个标准差。样本的实际凯利比率有 7% 的可能性低于 0。

拥有样本分布的表达式也可以使我们能够估计由于过度投资以致增长率为负的可能性。这种情况对应于 f 的真实值大约小于估计值的一半。式（9-38）告诉我们这一概率为 25%。

这使我们找到了一种无成本使用信息的方式。假设我们希望有一定的超额投资机会，我们可以使用式（9-38）解出基准值。例如，我们刚刚看到，使用测出的凯利比率的一半作为基准（即以 "half-Kelly" 进行投资）仍然意味着我们有 25% 的可能性过度投资。表 9-2 显示了使用不同比例的凯利比率时，发生过度投资的概率。

表 9-2　对应于不同过度投资概率的投资比例方案

过度投资概率	对应基准	凯利规模因子
0.1	0.002 2	0.048 0
0.15	0.010 4	0.230 1
0.2	0.016 9	0.374 8

因此，为了引入安全边际，我们需要将测出的凯利比率进行较大幅度的缩放。这与职业赌徒的做法是一致的。缩放的大部分需求是由于存在负偏度。如果收益呈正态分布，则缩放的幅度可以减小，如表 9-3 所示。

表 9-3　对应于不同过度投资概率的投资比例方案（当交易结果的偏度为 0 时）

过度投资概率	对应基准	凯利规模因子
0.1	0.009 2	0.205 4
0.15	0.016 1	0.357 4
0.2	0.021 5	0.478 2

凯利和回撤控制

即使在计算并接受了我们的测量不确定性之后，投资者也可能会发现，按照完整的凯利比率投资会导致结果波动很大。而且盈利越大，所需要的凯利比率就越高，这将导致波动率变高。好的交易往往是最不稳定的。

减少回撤的标准方法是按照凯利比率的一部分进行交易。在这种情况下，增长率和波动率都会下降。如果我们按照凯利比率的一部分 f 进行交易，则增长率（GR）为

$$GR(f) = \left(f - \frac{f^2}{2} \right) \frac{\mu^2}{\sigma^2} \qquad （9-39）$$

当 $f = 1$ 时，上式得到最大值，并随着投资比率的下降而降低（如图 9-6 所示）。

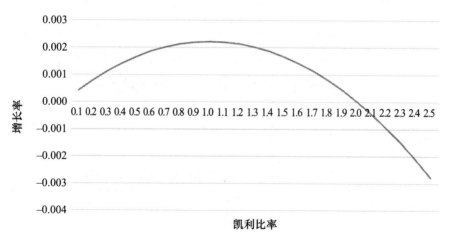

图 9-6　增长率相对于凯利比率的函数

随着投资比例的下降，风险和回撤的测量值也降低了。图 9-7 表明了当 $\mu = 0.05$ ，$\sigma = 0.3$ 时增长率和回撤的比值。

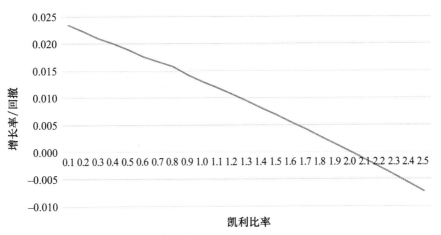

图 9-7 增长率与回撤的比值相对于凯利比率的函数

因此，如果回撤是主要的风险因素，那么确实应该非常谨慎。

有一种度量改变投资比率的影响的方法是，关注达到目标值之前触及一个较低的阈值（可能是止损线）的可能性。如果百分比形式的止损线为 A，目标值为 B，则这一概率由下式给出

$$P(A,B) = \frac{1 - A^{1-\frac{2}{f}}}{B^{1-\frac{2}{f}} - A^{1-\frac{2}{f}}} \qquad (9\text{-}40)$$

（有趣的是，收益率和收益率的波动都与概率无关。一个"好"的交易意味着止损线会更早达到，但不会改变相对概率。）图 9-8 表明了当 A=50%$^{\ominus}$，B=200% 时，概率对凯利比率 f 的关系。

$\ominus$ 原书疑有误，应为 0%。——译者注

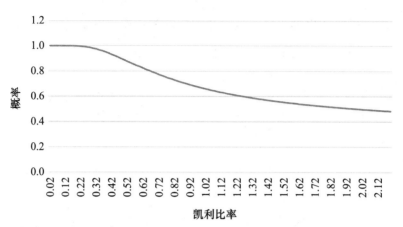

图 9-8　按照凯利比率交易时，在达到 0% 止损线之前，收益率达到 200% 的概率

非常保守的交易规模将增加获得好的结果的可能性，因为按照凯利比率投资的波动率已经被抑制到不可能触发止损线的程度。

然而，一个很小的缩放因子也意味着达到目标的预期时间会增加。预期的退出时间为

$$E[T] = \frac{1}{\mathrm{GR}} \ln\left(\frac{B^{P(A,B)}}{A^{P(A,B)-1}} \right) \qquad (9\text{-}41)$$

图 9-9 表明了当 $A=50\%$，$B=200\%$，$\mu = 0.05$，$\sigma = 0.3$ 时，预期结束时间对凯利比率 f 的函数。

（注意，平均退出时间相对于 f 单调减少，甚至在预期增长率为负数时也减少。在这一点时，你很可能会退出市场，但也可能会很幸运。）

仅按照部分凯利比率的交易能轻易地降低风险。然而，这样做也会影响该方法的优点。此外，由于在估计参数时存在抽样问题，因此我们可能会在负期望博弈中投资。我们可以通过将凯利准则与止损相结合来缓解这些问题。

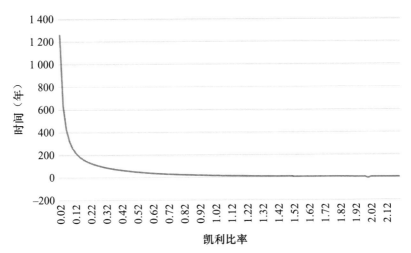

图 9-9　按照凯利比率交易时，在达到 50% 止损线之前，收益率达到 200% 的概率

止损的效果

对于许多交易者而言，使用止损被视为风险控制和资金管理的重要组成部分。通常，他们认为止损的效用是不言而喻的。"如果对亏损加以限制，你怎么可能破产？""砍掉亏损的仓位，继续持有获利的仓位。""亏损的仓位会继续亏损。"但是止损的使用效果非常复杂。在本节中，我将说明止损在什么情况下起作用，在什么情况下不起作用，它们对盈利能力的效用，以及如果你正在使用止损，应该将止损线设在什么位置。

首先，我们研究止损的使用对交易结果的分布有何影响。假设的交易结果如图 9-10 所示。交易结果呈正态分布，平均收益率为 10%，标准差为 15%。

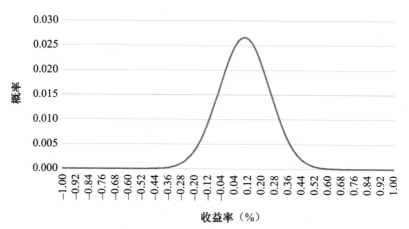

图 9-10 我们的交易策略的收益率分布

但是，我们也可以看到很多交易都是亏损的（这里接近 11% 的交易损失超过 15%）。我们自然而然想要引入止损，能够在某种程度上"截掉"分布函数的左侧部分。

止损的使用只是通过将损失限制在一定水平上，从而限制了分布函数的下跌风险，这个想法非常诱人。为了反映这种直观情况，我们重新绘制分布函数，得出了图 9-11，其在下跌 15% 的水平设置了止损线，因此所有损失的上限为 15%。

但是，只要稍加思考就会发现这种分布是不可能的。被阻止的交易不会就此消失。它们的结果仍然必须考虑在内（在数学上，概率密度函数的积分必须仍然为 1）。因此，我们接下来猜测这些交易将聚集在止损线附近。但这仍然遗漏了重要的一点。

很多在结束时小幅获利的交易将不再存在，因为在前期这些交易因为止损而不能继续了。请注意，大幅获利仍然存在，因为这些交易很多从一开始就在获利并且从来没有回撤，但是止损的出现将大大减少小幅获利的数量。这是使用止损的隐性成本。

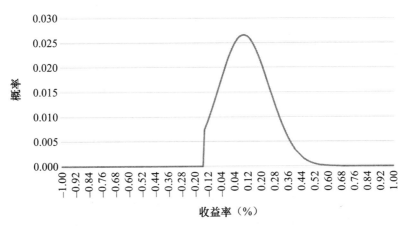

图 9-11　加入止损线之后，我们希望得到的收益率分布

为了得到更为直观的效果，我模拟了 1 000 次几何布朗运动的路径，代表一年内每日交易一次的交易表现。同样，预期的最终收益率为 10%，标准差为 15%，并设置了止损线，将损失限制在 15%。结果如图 9-12 所示。

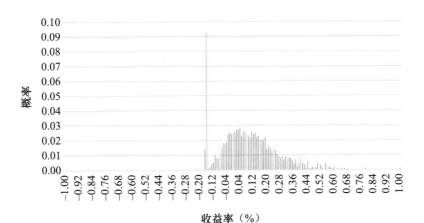

图 9-12　加入止损线之后真实的收益率分布

这里有几件事要注意。首先，使用止损反向影响平均回报率。"不止损"的投资平均回报率为10%（正如我们的模拟过程计划的那样），但是当我们使用止损时，该回报率将降至9.6%，且中位数现在为8.6%。这是假设（不止损的）结果服从正态分布的数学必然性。通过添加止损线，我们消除了大幅亏损（大于15%的情形），但同时也消除了可能后来恢复到止损线以上的交易。而且由于正态分布在均值附近的密度大于其在翼部的密度，因此这些小幅盈利的交易利润之和要大于大额损失之和。

这种分析是针对固定止损线的，该止损线设定在距我们的入场价给定距离的位置。另一种类型的止损是追踪止损，其设置在与投资的最高金额保持一定距离的位置。追踪止损是一个非常令人欣慰的策略。它使我们免于经历从盈利变成亏损的痛苦过程。

然而，追踪止损的成本甚至比固定止损还要高。这是因为某些本来可以大额盈利的持仓没有机会充分发挥自己的盈利潜力。当使用固定止损时，一些投资会受益于远离止损线并且有继续发展的机会。然而追踪止损总是在起作用。

改变我们先前的模拟可以证实这一点。追踪止损线总是比交易高点低15%。追踪止损将交易的平均回报率降低到9.4%，中位数为8.0%。这低于不止损的收益率，也低于采用固定止损线的情况。图9-13显示了我们使用追踪止损时的分布。这种情况下的分布与不止损投资的分布完全不同。

止损线并不仅仅可以止损。它们会极大地改变回报率分布的形状，并会降低平均回报率。增加止损线不会将亏损的策略转变为盈利的策略。我们添加止损线的唯一原因是我们更喜欢含有止损线的分布的形状，也就是说，相比于一些大额亏损，我们更偏好大量的小额亏损和更少的小额盈利。

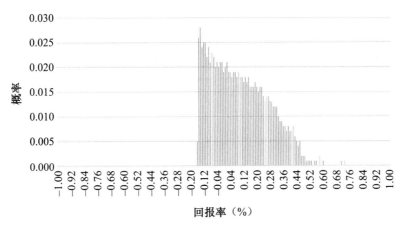

图 9-13　加入追踪止损后的模拟交易的回报率分布

尽管这是事实，但现实世界要复杂得多。回报率往往不呈正态分布，且结果随时间变化。此外，交易者没有理由只对回报最大化感兴趣。出于资金和心理的原因，安全和风险控制都很重要。

显然，许多交易者喜欢使用止损。事实上，有些人坚持认为止损是绝对必要的，并且适当地使用止损对于整体的、长期的成功是良好的预兆。但鉴于大多数实验都显示止损将耗费成本，那么这些交易员到底在想什么呢？

让我们简要回顾一下关于止损的使用的一些常见的论点。

止损可以限制损失。对于任何给定的交易，这都是微不足道的。忽略滑点成本和交易成本，当我们使用止损时，我们任何投资的损失都不会超过某个特定的预定金额。但是，正如我们在简单的模拟中所看到的，这总体上是一种错觉。长期来看，使用止损会降低收益。因此，这个论点可能需要更多证据来证明，或者可能就是错误的。

止损是一种纪律。 的确，如果你总是使用止损，那么你已经表现出了纪律性。但是纪律必须是一直明智地做某事，而不仅仅是一直在做某事。如果你的策略有负收益率，那么勤奋执行它会比偶尔执行它造成更大的损失。

使用止损意味着所有交易都承担相同的风险。 一些交易者认为，对每笔投资承担一定量的风险很重要（通常是给定金额的 1% 或 2%）。这通常是错误的。即使在同一策略内，不同的交易也将具有不同的预期风险和收益，最好在交易规模确定时就考虑到这一点。如果不这样做，将导致较低的总收益和不必要的风险。此外，交易规模和风险控制与为每个单一头寸设置亏损是不同的问题。

止损是预定义的退出机会。 当我们不想再持仓时，交易将被终止。很明显，当我们不想持有某一仓位时，清仓是个很好的主意。如果我们使用止损使这一想法正式化，那将是完全明智的。但是我们需要更多地考虑这意味着什么。如果我们纯粹是由于价格已经移动了特定的数量而清仓，那么我们其实在假设该交易具有正的自相关性，即已经发生的价格移动预示着未来的继续同方向移动。基于价格的止损是一种趋势跟踪系统。因此，如果我们明确地认为存在动量效应，那么这样做就很有道理。相反，如果我们交易的是预期会翻转的东西，那么它们就没有多大意义。在这种情况下，我们会在未来有可能获利的点位退出交易。当一个使用相同策略且空仓的交易者想要进场时，我们就绝不应该清仓。

换句话说，我们应该清掉对我们不利的仓位的唯一原因是，我们预计走势会继续。既然损失已经发生了，那么我们需要考虑的是我们当前的风险，而不是已发生损失的沉没成本。如果我们的止损只是基于价格变动，我们其实在表明未来价格变动方向仅仅取决于当前价格变动方向，也就是说，我们在做趋势跟踪。

当我们对价格变动方向预测错误时就应该清仓，有时这会伴随着损失。在这种情况下，止损是无害的。但在我们能赚取较大利润时若出现了亏损，止损就是有害的并且与我们的策略相违背。

止损线的设置

一旦我们决定要使用止损，我们还需要选择止损线的位置。这里有两个方面要考虑：博弈论和统计学。

尽管博弈论是不太重要的考虑因素，但我们还是经常强调它的作用。这个想法是为了避免将止损线设置在"明显"的价格水平上，例如前一交易日的高点或低点、关键的技术支撑位上或整数价格。这样一来，其他交易者就可以利用这种止损线的可预测性。例如，假设市场报价为卖价98美元、99美元，并且交易员知道可能会在100美元处设置买入止损，那么他就可以在市场价为99美元时做多，以100美元交易，然后触发止损线。这样做会拉高价格，并让他立即获利。

这种策略在交易大厅很常见，但在流动性更高、结构更多元的电子市场上，意味着这个想法不像以前那么重要。避免在这些价格水平上下委托单可能不会有什么坏处，但几乎可以肯定的是，这本身就无关紧要。

更重要的考虑是选择一个可以正确地平衡风险与成本的止损价格。如果止损线离得太远，那么它对降低风险就没有多大作用。而如果离得太近，它又会太频繁地被触发，增加交易成本，并且不会使交易有足够的盈利机会。

对于建立如何设置止损线的理论基础已经有过许多尝试。不幸的是，结果高度依赖于假设的价格变动过程以及交易者的效用函数。例如，一个风险中性的交易者在做多具有正向价格偏移的产品时，从来不会使用止损。

我们无法完全确定价格过程或参数，我们的效用函数也可能是包含除财富之外的许多因素的函数。所以，这些理论没有什么帮助。

也有一些关于止损效果的实证检验。问题在于，这些是对止损和特定策略之间相互作用的测试。它们可能会起到指导作用，但是它们一定不会特别适用于其他策略或工具集。

相反，我们需要使用一个对我们正在考虑的每个策略都适用的实证方法。在这里，唯一的理论假设是过去的收益分布对未来有预测性，这也是一个通常的假设。仅仅基于数据分析做出交易决策从来都不是一个伟大的想法，但在这一点上，我认为没有比测试各种数据更好的方法来选择止损参数。

将止损纳入凯利准则

从概念上讲，我们将交易账户分为两部分：根据凯利准则进行交易的有风险部分和持有现金的无风险部分。如果我们不将利润从有风险部分转移到无风险部分，我们就是在使用固定止损线。例如，我们将 100美元的账户拆分为 80 美元的现金和 20 美元的活跃交易的子账户。我们的损失永远不会超过 20 美元（理论上我们甚至不会损失全部 20 美元，因为我们只使用了部分账户的钱进行了投资）。但是如果我们先赚钱然后失去这些利润以及原来的 20 美元本金，我们可能会遭受更大的，从最高点到最低点的回撤。

考虑在增长率相同的两种情况下交易我们的 100 美元。我们的交易策略具有 5% 的平均收益率和 30% 的波动率。在第一种情况下，我们以凯利比率的 1/4 进行交易，根据式（9-39），其增长率为 0.006 1。因此，一年后预期的账面价值为 100.61 美元，波动率为 0.75，即 7 546 美元。完整的结果分布如图 9-14 所示。

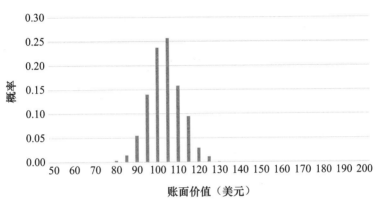

图 9-14　按照凯利比率的 1/4 交易，进行 10 000 次几何布朗运动（$\mu = 0.05$，$\sigma = 0.3$）的模拟后，最终账面价值的分布

按照全额凯利比率交易，得到的增长率为 0.139。为了使用较小的子账户 W_r 实现相同的预期账面价值，该子账户按照全额凯利比率交易，我们可以求解以下等式

$$收益 = W_r \exp(\mathrm{GR}) - W_r \qquad (9\text{-}42)$$

得到 W_r 为 43.70 美元。初始波动率为 0.3 或 13 美元。因此，子账户方法得到了相同的增长率，但波动率（以美元计算）更高。这看起来似乎不太乐观。但是，当我们考虑整个分布时，情况会更好。我们为自己提供了一些下行保护，同时仍然保留了按照凯利比率交易可以得到的极端增长

的可能性（如图 9-15 所示）。

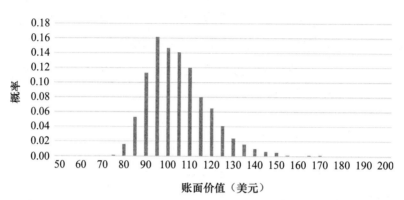

图 9-15　对初始金额 43.70 美元的子账户按照全额凯利比率交易，进行 10 000 次几
　　　　何布朗运动（$\mu = 0.05$，$\sigma = 0.3$）模拟后，最终账面价值的分布

　　另一种方法是调整我们的无风险子账户中的金额，使其保持低于峰
值的恒定百分比。我们将对账面价值使用追踪止损。这次我们使用 43%
的追踪止损线水平。使用这种方法的结果分布如图 9-16 所示。

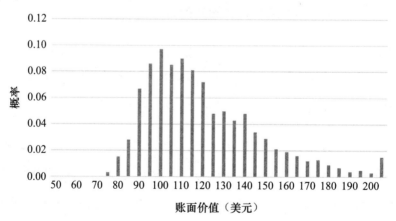

图 9-16　对追踪止损线水平设定为 43% 的子账户按照全额凯利比率交易，进行
　　　　10 000 次几何布朗运动（$\mu = 0.05$，$\sigma = 0.3$）模拟后，最终账面价值的分布

从数据来看，子账户方法波动更大主要是由于大于零的上行空间。汇总统计如表 9-4 所示。

表 9-4　子账户结果比较：按照凯利比率的 1/4 和全额凯利比率交易

统计量	按照凯利比率的 1/4	设定固定止损线水平的子账户	设定追踪止损线水平的子账户
平均值	101.70 美元	102.20 美元	117.13 美元
最小值	78.30 美元	68.75 美元	69.36 美元
最大值	129.50 美元	187.60 美元	305.60 美元
10% 分位点	91.70 美元	86.30 美元	89.30 美元
90% 分位点	111.10 美元	120.90 美元	153.40 美元
平均最大回撤	9%	12%	12%
最大回撤	26%	38%	30%

使用基于百分比的追踪止损保留了凯利准则的激进性的许多优点。它在平均和极端情况下都表现得更好。好的交易结果往往都是开端良好并且持续良好，从不受到止损的影响。而且当止损生效时，追踪止损理念几乎可以像其他两种更保守的方法一样地保护资本。无论以什么标准衡量，在基于百分比的子账户上按照全额凯利比率交易似乎都是最好的策略。

本章小结

凯利标准仅仅在它可以使收益率最大化的意义上才是最佳的。交易者可能对使许多其他方面最大化感兴趣。然而，使用改进的凯利准则，包括在收益率流中使用高阶矩、采样误差和回撤控制是一种持续的、明智的方法，比其他临时策略或基于错误想法的策略更可取。

本章要点

▶ 考虑到分布的偏度，应对凯利比率进行调整。比起按照凯利准则得到的近似值所建议的数值，应该更小（大）地交易具有负（正）偏度的策略和交易工具。

▶ 量化凯利比率中的不确定性。按照非负的概率对原始凯利比率进行缩放。

▶ 将交易账户分成无风险的非交易部分和有风险的交易部分。按照全额凯利比率投资有风险的部分。

第 10 章

元风险

大多数与期权相关的风险的讨论都集中在市场风险上。显然，降低市场风险很重要，且可以做到。这些风险完全在交易者的控制之下。如果交易者因市场波动而破产，那么他不是无知就是过度自信。

还有一种更加危险的风险类别，是来自市场之外的风险。期权并不是凭空存在的，它们是作为经济体系的一部分在交易，这个经济体系包含着道德、法律和政府风险。这些风险是最难预测的，但尽可能多地了解它们并采取一切可能的预防措施仍然很重要。

货币风险

所有交易者都将面临货币风险，你不能用法定货币以外的任何货币执行股票和期权交易。即使我们忽略汇率风险（因为你决定使用的货币可能正是交易所需的货币），法定货币也因通货膨胀而存在风险。例如，津巴布韦从 1993 年开始就有证券交易所，同期通货膨胀率高达每天98%。实际上，如果一个交易员的日平均收益率能达到 0.1%，那他就非常优秀了。没有人能优秀到足以跟上恶性通货膨胀的步伐。

历史上最糟糕的通货膨胀例子都出现在战区或经历大规模政治动乱的地方：1944 年的希腊、1946 年的匈牙利、1923 年的德国和 2018 年的委内瑞拉。简而言之，"避免生活在这种情况下"。但通常说起来容易做起来难。很多人很想离开这些地方，可是没有办法离开。即使在非常稳定的新西兰，20 世纪 70 年代的通货膨胀率也达到了 17%。人们很容易认为这些都只发生在过去，但这似乎不太可能，通货膨胀通常无法避免。交易者唯一能做的就是意识到这一点，当主动交易没有产生真正的回报时，停止交易并投资于其他资产。

　　加密货币也有其自身的问题。尽管它们不受政府通货膨胀性支出的影响，但它们仍然会发生异常波动。2018 年，比特币的低点为 3 190 美元，高点为 17 700 美元（见图 10-1）。平均年化波动率为 68%。通常来说，主要货币间交叉汇率的波动率为个位数。例如，2018 年欧元兑美元汇率的波动率为 7%，美元兑日元汇率的波动率为 6%。

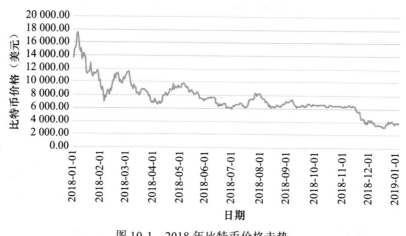

图 10-1　2018 年比特币价格走势

　　尽管加密货币交易所在其所在国家作为企业接受监管，但它们并没有像我们对传统交易所期望的那样，受到同等程度的关注和监督。一个典型的例子发生在 2018 年，当时加拿大比特币交易所 QuadrigaCX 的创始人去世，他是唯一知道交易所冷存储[⊖]密码的人。截至 2019 年 2 月，客户仍然无法获得属于他们的 1.9 亿美元。

此外，没有任何一家重要的交易所会允许你用比特币支付任何费用，也几乎没有人愿意用它支付。比特币不能作为一种货币，不仅因为它的波动性比你用它购买的资产的波动性要大得多，而且它不是一种被广泛接受的交换媒介。截至 2019 年 1 月，全球所有比特币的总价值为 640 亿美元。相比之下，美元总额为 16 万亿美元。比特币（以及一般的加密货币）要想成为合法货币，需要大幅提升其总价值并大幅降低波动性。

最终，许多金融机构都不想与任何加密货币有任何联系。这里引用美国一家主要银行清算部门的一位高级银行家的话，"如果你要做任何与加密货币有关系的事情，那么这次谈话就结束了"。这种不情愿的原因部分是目前监管环境的不确定性，还有一部分是银行正在寻求开发区块链的私有版本。最终，尽管区块链似乎可以最终帮助到 KYC（know your customer，了解你的客户）尽职调查，但银行目前更担心区块链中每笔交易的可验证性会直接将其与犯罪活动联系起来。

启示

▶ 货币风险无法避免但可以被分散化。

▶ 加密货币是投机工具，而不是通常意义上的货币。

盗窃和欺诈

盗窃者会偷走值钱的东西。而且，由于没有什么比金钱本身更值钱，

⊖ 冷存储是将数字货币钱包离线保存的一种方法，可以防范网络攻击。——译者注

金融业为小偷、骗子和小贩提供了很好的目标。要完全避免这种风险是不可能的，因为每个交易者或投资者都会依赖其他人。即使是那些在交易所执行自己的交易的人，也将面临与其托管人和清算所相关的风险。

好消息是，大多数罪犯和骗子都不是主谋。许多人仅仅依赖于这样一个事实：如果他们很有魅力，那么就没有人会做必要的尽职调查。

首先要看一下参与的人员，基金的一切行为都是来自它的运营者。你并不是仅仅在投资基金，你是在与人一起投资。了解基金的管理人员是谁，他们的背景、经验、参与程度如何，以及他们在专业度上和资金上付出了多少，都非常重要。他们有犯罪前科吗？他们是否曾受到监管机构的处罚（不包括场内交易员因争夺现货或其他原因而被交易所罚款）？他们对待你的钱比对待自己的钱更尊重吗？他们是否将自己大量的净资产投资于该基金？参与基金管理的人员中是否只有一两个人可以访问账户报表？通常，你只要四处打听一下就可以深入了解一个人的性格。交易的圈子很小，名声不好的人很快就会臭名远扬（即使并没有被记录在案）。

任何合法组织都会对投资者提出这些问题感到高兴。对于基金经理来说，这样做既容易被理解，又可以更轻松地与客户打交道。与明智的人打交道总是更有利的。

此外，任何合法基金都应该有第三方管理机构，这个机构需要保持独立，并可以获取该基金的银行与经纪商报告。它们需要核实持仓头寸和收益，并生成月度报告发送给客户。不要接受诸如"我们只是一家初创公司，请不起第三方管理机构"之类的借口，这没有商量的余地。假如当初伯纳德·麦道夫的受害者坚持要由独立机构进行监督，他们就会立即发现麦道夫并没有在做交易且不持有任何仓位。

更为普遍的是，许多金融灾难都可以归因于受害者不知道他们的持仓及风险。许多灾难性的、臭名昭著的衍生品损失，都是由于机构或者投资者不了解他们的持仓而造成的。

案例一：巴林银行

巴林银行是世界上第二古老的商业银行，它由弗朗西斯·巴林爵士于 1762 年创立。1990 年，尼克·利森（Nick Leeson）受雇于巴林银行新加坡分公司。他被授权担任场内经纪人，并在新加坡和大阪交易所之间对日经指数期货进行套利。所有经纪商都有一个"错误账户"，出于会计目的，任何在某种程度上有错误的交易都会被放入错误账户。一旦发现错误，经纪人就应该平仓并停止交易。利森犯了一个小错误，导致持有 20% 头寸的日经指数期货。利森更改了账号，因此总部没有看到报告，并且他开始在该账户中进行交易以弥补 20 000 英镑的损失，最终积累了大量日经跨式空头头寸。

1995 年 1 月 17 日，神户发生了一场大地震，并且在接下来的四天里，日经指数下跌了 16%，使得跨式空头损失巨大。利森开始进行更大的交易，以试图弥补损失，但这并不奏效。他损失了 8.27 亿英镑（相当于 2018 年的约 25 亿美元）。2 月 23 日，他潜逃到马来西亚，同时向伦敦发送了一份认罪书（仅包含一句"我很抱歉"）。巴林银行资不抵债，最终以 1 英镑的价格卖给了荷兰国际集团。

启示

▶ 永远不要让一名交易员或者基金管理人既当交易员又当风控经理。

▶ 交易员不应该具备创建账户的权限。

▶ 不要投资于你不了解的产品或策略。伦敦办公室相信了利森伪造的利润数字，而熟悉日经指数套利的人会知道，其报告中的数字是不可能发生的。

案例二：滨中安云（"铜先生"）

1995 年（跟尼克·利森出事同一年），三井住友银行的首席铜交易员滨中安云（Yasumo Hamanaka）损失了约 18 亿美元（相当于 2018 年的约 30 亿美元）。在大约 10 年的时间里，他积累了全球约 5% 的铜，同时拥有实物铜和铜期货。一种商品的 5% 可能看起来并不多，但铜的流动性较差且成交量相对较低。滨中使用大量的期货头寸，人为地将铜价格保持在高位。这样做除了可以使他的头寸看起来有得赚，还能使他在实物铜交易中赚取高昂的佣金，其中佣金是按价格的百分比计算的（这本身就很荒谬，因为经纪人在以 100 美元出售某物时所做的工作并不比以 50 美元时出售时多）。

其他交易员怀疑三井住友银行在操纵价格，但证据不足，因为交易员普遍比较多疑并认为所有价格都是被操纵的。没有人能够证实这一怀疑，因为伦敦金属交易所没有持仓限额，也没有公布持仓量统计数据。

1995 年，随着中国矿产的增加，铜价开始下跌。这些新的供给影响超过了滨中可控制的程度，清算他的巨额头寸只会加剧价格下跌。他被从铜交易员的职位上开除了，最终三井住友银行清算了这些头寸。

三井住友银行声称他们对这些仓位一无所知。尽管他们需要不断注入巨额资金来为交易提供抵押，但仍然存在不知晓这些仓位的可能（正如我们在巴林银行的案例中所看到的，财务部和管理层并不总是知道他们的头寸）。他们说滨中先生藏匿了交易确认书，后来滨中被判犯有伪造罪。尽管如此，三井住友银行要么是同谋，要么不知情，要么是疏忽大意。

启示

▶ 财务部和管理层需要知道持有一定的头寸需要多少保证金。

▶ 注意流动性或透明度有限的交易工具。

▶ 问自己："一名交易员通过交易这种产品赚这么多钱是否合理？"
如果你不能回答这个问题，那你就不应该投资。

案例三：伯纳德·麦道夫

伯纳德·麦道夫是投资界备受尊崇的人物。他是一个水管工（后来成为一名股票经纪人）的儿子，是一个真正白手起家的人。他早期做过包括救生员和安装花园喷水装置的工作。1960 年，麦道夫创立了一家低价股票经纪公司，最终发展成为伯纳德·L.麦道夫投资证券公司。他因作为一名有道德的、慈善的商人而闻名。他是美国全国证券交易商协会董事会主席，并为美国证券交易委员会提供建议。

他的业务有两个部分，一家经纪交易商公司和一家资金管理公司。2008 年，人们发现那家资金管理公司正在运行一个 500 亿美元的庞氏骗局，其中麦道夫用于支付投资者赎金的资金是从新的投资者存款中拿来的，而不是来自任何投资收益。

麦道夫声称，在所有市场条件下，他的投资组合每年都有 12% 的稳定收益率。鉴于从 1950 年到 2007 年，标普 500 指数的平均年化收益率只有 9% 左右，他的基金筹集资金很容易。不幸的是，标普 500 指数在 2008 年下跌超过 38%。许多人要求提取他们的钱，却没有资金流入来支付提款。

（有传言称，这些所谓的收益部分来自投资部门抢下经纪部门客户的订单。一些投资者认为他们是骗局中聪明的行家里手。如果这是真的，那就印证了那句老话："你不能欺骗一个诚实的人。"）

麦道夫的故事是，他采用了拆分行权转换（通常称为领口策略）。在这一策略中，他持有股票多头、认购期权空头和认沽期权多头。事实上，他将自己的策略告诉人们后，他的骗局早就应该被终止了。如果你告诉人们你在做什么，他们就可以更容易地看到你的收益是否合理。尽管一名优秀的交易员的表现有可能超出策略的比较基准，但该基准仍然提供了一个良好的比较基础。

我们甚至不需要做大量的工作，就可以看出所谓的收益是不可信的。第一个持怀疑态度的人是一位名叫哈里·马科波洛斯（Harry Markopolos）的投资分析师，他声称可以在五分钟内看出结果是可疑的，而再花四个小时他就可以证明这一点。他在 2000 年首次告知了美国证券交易委员会，然后在 2001 年、2005 年和 2007 年再次告知了他们。2010 年，他写了《无人聆听》（*No One Would Listen*）一书，讲述了这段经历。Bernard 和 Boyle 在 2009 年发表了对拆分行权转换策略的详细分析。

不仅麦道夫的收益是不真实的，他的大部分交易也不是真实的。至少从 20 世纪 90 年代开始，他只会根据理想化的价格伪造虚假的交易确认书。

大部分资金一直都是虚构的，所以很难量化到底有多少资金真正消失了。但截至 2019 年，最初投资的 175 亿美元中只有约 110 亿美元已返还给投资者。

启示

▶ 要检查策略的合理性。收益与理论分析一致吗？这些事前声明的
策略是否有足够的流动性来执行？

▶ 依靠表面上的性格评估是危险的。麦道夫享有非凡的声誉，但我
们仍然完全不清楚，为什么像他这样曾经合法地获得成功的人会
从事欺诈活动。

▶ 只对有独立第三方管理机构和托管人的基金进行投资。

指数重构

指数并不真实，这一点很容易被忘记，它们只是第三方根据某种方
法计算出来的数字。没有什么可以阻止指数发布商改变指数的计算方法
或调整成分股。通常，这些更改无关紧要（例如，大多数指数定期纳入和
剔除某些成分股），但并非总是如此。

欧洲斯托克50指数由欧元区最大的50家上市公司组成，无论它们
来自哪个国家，至少现在是这样。最初，设计这一指数的目的是涵盖来
自每个欧元区国家的公司。当斯托克公司对此进行更改时，其对该指数
重新赋权，使其价值不会改变。但股息率以及由此产生的隐含远期基差
发生了巨大变化（约50%）。

任何持有远期头寸的期权交易者都亏损了（仍然是我最大的单日
亏损）。

类似的情况发生在2018年2月，当时波动率ETN暴涨。UVXY，
即ProShares Ultra VIX短期期货ETF的杠杆率从2降至1.5。这意味着
预期的未来波动率下降了25%，这对所有做多Vega的交易者都是一种

伤害。目前尚不清楚招股说明书的条款是否允许这样做，而且截至 2019 年 5 月，对此争论不休的诉讼尚未裁决，但期权买方似乎无法挽回所有损失。

启示

▶ 请注意哪些合同条款可以被更改。

套利交易对手方风险

通常，价差交易者或套利者会发现他们在一家机构获利丰厚，而在另一家机构损失惨重。这就导致了信用风险。

一个伦敦国际金融期货交易所（LIFFE）的经纪人通过价差套利赚了很多钱，在一些博彩公司低价买，并在另一些博彩公司高价卖。不幸的是，他几乎所有获胜的赌注都由同一个庄家持有，而那个人没有能力支付。对这家博彩公司来说，最简单的事情就是违约，因为在英格兰，赌债在法律上是不可强制执行的。但违约对博彩公司的生意不利，因此它们换了一种方法了结此事。

这家博彩公司的店面在火车站和经纪人的房子之间。因此，每天晚上，当经纪人下车时，都会有几位美丽动人的年轻女性在车站等候。她们护送（在两种意义上⊖）他到店面，在那里他一边观看赛狗比赛、赌博，一边喝着酒并吸食着可卡因。三个月后，博彩公司收回了他的钱（而且他染上了性病）。

⊖ escort 一词在此处一语双关，既有护送的意思，也有异性社交陪同的含义。——译者注

启示

▶ 尽量保持较低的交易对手方风险。

▶ 不要做任何会让你母亲哭的事情。

本章小结

期权交易业余爱好者几乎每一个决定都会造成亏损。专业人士应该具备管理他们的市场风险的能力，这样，任何单一的损失都不会是灾难性的。他们最应该关注的应该是政治不稳定、合同条款变更、金融机构的稳定性以及欺诈产生的风险，这些永远无法完全避免。交易者所能做的就是检查所有可以检查的内容，避免风险完全暴露于任何单一国家、货币或机构。

本章要点

尽可能地将合规、交易和风险管理分开。

▶ 永远不要投资你不了解的策略。

▶ 回避流动性差的产品和情形。

▶ 尝试将机构、货币、投资经理和国家分散化。

结论

足球就像是国际象棋，只是随机性更强。

——彼得·克拉维兹

利物浦足球俱乐部助理经理

期权交易同样如此。技能是必要的，交易者积累的知识与经验越多，获得成功的机会就越大。但是，任何交易都存在大量的随机性。交易者很有可能正确地预测了已实现波动率和方向，但是仍然会亏损，这是因为期权还取决于隐含波动率、利率、借款利率和股息。如果对冲期权时引入了路径依赖，那么情况将变得更加复杂。

交易中最重要的概念就是接受我们将会在市场极度不确定的情境下做决策。像 Knight 这样相对比较温和的不确定性还不算，虽然概率是未知的但至少定义明确。交易者身处于一个未知、不可知的领域中，概率不断变化，定义不明确，并且它们衡量的事件也是变化的。在可知部分，我们所知甚少，而且可知部分还只是整体中极小的一部分。

这并不是停止寻找交易优势的理由。相反，这给了我们一个努力探究并且尽可能在验证观点时保持严谨的理由。交易优势是存在的，但是需要非常稳健，能够承受交易世界中巨大的干扰。一个交易策略在应用于多个市场时需要有有效的检验统计数据，在理想情况下，它还应该有明确的存在理由。所有交易策略在执行细节方面都应该是稳健的。

当寻找想法时，关注现象比关注参数或模型更重要。例如，波动率之所以重要，是因为它衡量的是不确定性和可变性，而不是收益的标准差。这只是核心思想的一种数学表达，选择标准差作为波动率衡量指标很大程度上是因为它在数学上易于处理，还有许多其他统计数据可以表达可变性的概念。好的交易现象可以通过多种方式进行衡量、建模和交易。例如，动量投资只是观察到股票倾向于延续它们移动的趋势。这可以在每天、每周或每月的时间维度上进行研究，也可以通过移动平均规则、前期受益或者多种指标处理方法进行量化。总体而言观察结果是稳健的。交易模型的细节当然很重要，不然即使交易现象强烈，模型糟糕也可能会导致亏损。但现象本身才是最重要的。

不断地寻找新观点很重要。马克斯·普朗克（Max Planck）曾说科学在一次一次的葬礼中进步，交易方法似乎也是如此。尽管市场总是在变化，但个人交易者往往不变。交易大厅关闭时，许多场内交易员仍试图在屏幕上应用同样的技术交易，他们没有适应市场变化。他们一直试图采用一套过时的方法，直到退休。对交易者来说，最重要的是他们要处于交易的状态中。所以，我们需要不断适应，避免出局。

记住你首先是一个交易者，而不是一个期权交易者。期权只是表达观点的工具。由于波动性的各种特征，期权是有用的，但它们不是任何情况下的最佳工具。尼采（这并非巧合，许多交易者最喜欢的哲学家是一个疯子……）说过："许多人对选择的路径偏执，却很少对目标固执。"记住这一点，过多考虑期权而非交易是个陷阱，别陷进去。

交易总是包含着不确定性。无论我们多么努力工作，我们仍然需要运气。拿破仑和艾森豪威尔都表示，他们喜欢幸运将军胜过有才能的将军。但重要的是要记住，他们所有的将军之所以能达到这个级别，是因为这些人才华横溢。天赋是天生的。交易也是如此。运气会起作用，但在一个漫长的职业生涯中，它只会把那些拥有相同天赋和知识的人区分开来，而不会拔高那些仅靠运气的人。学习你能学到的一切，但要对随机性保持乐观。

祝你好运。

附录

附录 A 交易者对 BSM 假设的调整

单一不变利率的存在性

BSM 模型假设无风险利率是固定不变的，其实不存在这样的利率。利率有买卖差价，借贷利率却不同。此外，不同期限对应不同的利率：收益率曲线。所有这些利率都随时间变化，没有一个利率是无风险的。

在我们讨论利率对错误定价的影响之前，有一点很重要，那就是很少有交易者对冲他们自己的利率风险。在一家大公司，这将由风险管理团队处理，该团队将汇总以每种货币计价的所有头寸的风险敞口来对冲该公司的净风险敞口。个人投资者通常不对冲利率风险。因为交易成本太高了，并且限制了收益。如果个人投资者开始积累太多 Rho，他们会通过交易期权来降低 Rho。做市商会减少他们在利率类资产上的投入，这样交易就可以不受 Rho 风险头寸的影响，同样地，如果他们想降低波动风险，他们则可以减少他们在波动性资产上的投入。头寸交易者会进行风险逆转、转换或盒式交易。这种对 Rho 风险多少有些宽松的态度表明了 BSM 模型在利率不准确时的稳健性。

不同期限的贷款和债券有不同的利率，这形成了收益率曲线。理论上，这根本不是问题。我们只用与期权期限相对应的债券（比如是欧洲美元条式策略）进行对冲就可以。然而，这条曲线越陡峭，我们使用错误利率的可能性就越高。在我们出现重大价格错误或更严重的 Delta 错误之前，我们能允许多大的利率错误？可能的输入误差是多少？

假设股票（不分红）当前价格为 100 美元，一年期欧式认购期权行权价为 130 美元，波动率为 30%，利率为 5%，期权价格为 4.67 美元，Delta 为 0.288。如果我们错误地将利率设定为 4%，期权价格将会是 4.44 美元，Delta 为 0.277。0.011 的 Delta 差值并非完全无关紧要，但如果我们错误地将隐含波动率设定为 29%（这是一个更有可能发生的输入错误），会导致同样规模的误差。

此外，在当前环境下，交易者需要极其粗心才能造成 1% 的利率输入误差。2019 年 3 月 18 日，美国 1 个月零息债券收益率为 2.47%，1 年期收益率为 2.52%。选择收益率曲线上的错误利率为期权定价的实际影响为零。

利率也是存在波动的。尽管 BSM 模型可以处理静态收益率曲线，即不同期限有不同的利率，但它们是固定不变的，利率的随机性是个更大的问题。Merton 1973 年指出，当基础的波动性不变时，即使利率是随机的，当前的零息债券收益率仍然有效。但是，如果波动性也是随机的，这就不起作用了。但利率波动的影响也可以忽略不计。

正如利率误差的绝对值很小一样，利率的波动性也很小。特别是利率的波动远低于波动率的波动。波动率指数 VIX 日变化以及 1 年期利率日变化分别如图 A-1 和图 A-2 所示。

VIX 日变化的标准差为 1.7，1 年期利率日变化的标准差为 0.037%。

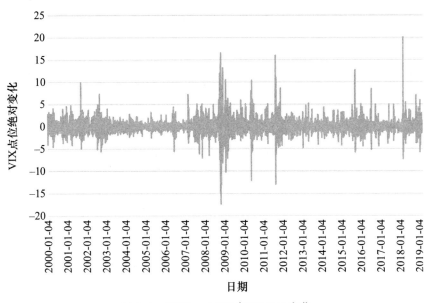

图 A-1 2000 ～ 2018 年 VIX 日变化

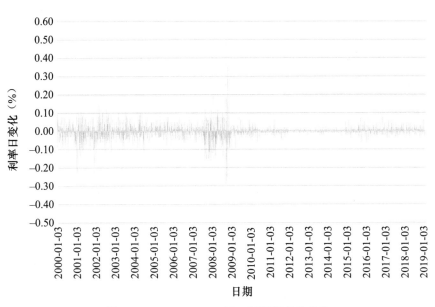

图 A-2 2000 ～ 2018 年 1 年期利率日变化

因为利率的波动性相对较低，所以没有必要使用包含随机利率的模型。几个实证研究已做出证明。Bakshi 等的研究表明，在考虑了随机波动率后，加入随机利率对改善期权的定价和对冲作用很小。Kim 2002 年发现了一个更强有力的结果：将随机利率纳入股票期权定价模型并没有改善 BSM 模型。

一种因利率错误导致出现问题的情形是在做提前行权决策时。当执行股票认沽期权时，我们需要决定卖出股票的收入是否大于我们损失的期权价值。如果利率是随机的，我们可能会计算错误，但是我们对此无能为力。当然，没有任何模型能帮上忙。

最后，利率存在买卖价差，可以将这点考虑在 BSM 模型修正中。这类似于标的有买卖价差时的必要修改。在这种情况下，利率差异意味着期权有一个价格区间，而不是单一价格。但是，实际效果非常小。

股票不支付股息

BSM 模型假设标的股票不支付股息。纠正这一点是微不足道的。我们简单地用股价减去股利的贴现值来给期权定价。所以，在单一离散股息的情况下，设为 D

$$S \to S - D\exp(-rt) \tag{A-1}$$

在某些情形下，连续的股息收益率 q，是一个较为公允的估计。在这种情形下：

$$S \to S\exp(-qt) \tag{A-2}$$

如果股票很难借到，就需要进行类似的调整。BSM 假设卖出收益可以以无风险利率进行再投资，但如果一个股票难以借入，交易者将获得较低的利率，$r-\lambda$，其中 λ 为借贷惩罚因子。

忽略税收

BSM 模型忽略了税收。有些交易者按个人纳税，有些则按公司纳税。有时，利润将按短期资本利得的税率征收，有时按长期资本利得的税率征收，有时按两种税率混合征税。偷漏税者不纳税。外国投资者可能还面临其他复杂的税务情形。

如果所有投资者面临相同的税率，BSM 模型可以通过使用一个修正的利率进行调整。在定价模型中包含税收的难度不是问题所在，问题在于不同的人有不同的税收。

投资者的税收状况会影响其交易策略，但又不可能构建出一个考虑不同的、未知的税收的定价模型。期权对不同的人价值不同，但我们无法对效用定价。

可能是由于估计总边际税率存在困难，也很少有实证研究这一问题。Mason 和 Utke 比较了标普 500 指数期权（SPX）和标普 500 ETF 期权（SPY）。标普 500 指数期权的利润按长期资本利得纳税，税率为 60%，按短期，则税率为 40%。标普 500 ETF 期权按更高的短期税率征税。在控制股息和美式或欧式行权特点后，他们得出结论：存在持续的价格差异，标普 500 ETF 期权更便宜。他们的结论是，这可能归因于人们不太倾向于购买税率更高的期权。然而，这种影响是很小的，以至于可以用"脏数据"或数据处理程序解释。

交易和做空标的的能力

BSM 的公式体系依赖于对冲标的的能力。有时我们需要做空标的资产。有时这是不可能的。如果我们不能做空，那么 BSM 对冲策略显然无法奏效。为了了解价格是如何受到影响的，可以考虑将一个远期合约定价为 F。标的当前价格是 S，交割时间是 T，利率是 r。

如果 $F > S\exp(rT)$，卖出远期合约，同时借钱以价格 S 买入标的资产；

在到期日，我们交割标的资产，同时获得约定好的远期价格 F。

然后，我们归还借入的本金和利息，总共是 $S\exp(rT)$。二者差异就是套利收益。无套利原则意味着这种情况不会发生，故

$$F \leqslant S\exp(rT) \tag{A-3}$$

但是，如果 $F < S\exp(rT)$，我们就无法构建套利组合。在这种情况下，我们需要购买远期，并做空标的，因此我们不能排除不等式。

如果我们不能做空标的，远期价格可能会低于无套利价格。因此，认购期权价格会小于 BSM 值，而认沽期权价格会大于 BSM 值。认沽认购平价关系也"改变"了。这意味着在风险中性的世界中定价是不可能的。如果我们根本不能交易标的资产，我们的损失就更大了。

大多数交易者去交易完全不可交易的期权，这是不太可能的。但在某些情况下，标的资产可能缺乏流动性。因此，有必要了解下如何将不可交易的标的资产作为一种限制情况来处理。

在交易所上市期权之前，标的资产必须有一定的流动性。例如，若在美国上市股票期权，发行该股票的公司必须在纽约证券交易所、美国证券交易所或纳斯达克上市，且必须有至少 700 万股和 2 000 多名股东。但在上市之后，标的资产的流动性很可能会下降。

还有一些情形，我们想为非上市公司的员工期权定价，这种股票也是无法交易的。

最后，在某些情况下，由于缺乏股票的借出方或因为监管改革，标的资产变得无法做空。尽管这种流动性不足只是市场的一方面，但仍足以造成问题。

解决这个问题的一种方法是使用"实物期权"（real option）方法。虽然"实物期权"这个术语是新的，但这个概念却不是。1930 年，欧文·费雪（Irving Fisher）明确地写下了企业主拥有的期权（尽管他的可信度可能因他 1929 年的著名论断"股票似乎已达到永久的高点"而有所下降）。然而，BSM 模型的发布使这一概念得以量化。

实物期权的一个例子是做项目投资决策。初期研究成本是期权的价格，行权价格是未来的利润。收益是这两者差值。

和金融期权相比，实物期权有一些重要的区别：

▶ 尽管可以通过购买或出售创建实物期权的那些业务来实现"购买"或"出售"，但从传统意义上讲，实物期权是不可交易的。

▶ 期权的价值直接依赖于管理层的行动，因为他们的行动控制着初始溢价。

▶ 这些期权往往更多地依赖于不确定性，而不是标的资产可衡量的波动性。

一些实物期权可以使用 BSM 框架进行定价，因为它们涉及可交易资产。这种情况的一个例子是开采石油的期权。期权价格是设备和勘探成本，标的资产是石油。由于石油是可交易的，这种期权可以被用于对冲，可以应用 BSM 的风险中性论证。

但许多实物期权并不基于可交易资产。例如，如果标的资产是某种知识产权，就不可能进行对冲，因此 BSM 公式体系就不适用，不能使用无套利原则。在这些情况下，通常假定存在与标的资产完全相关的可交易证券。这几乎是一个非常不现实的假设。

然而，如果交易证券与标的资产不完全相关（显然程度越高越好），我们可以找到我们的实物期权价格的边界。这是 Capinski 和 Patena 在 2003 年 [Cerny 和 Hodges 的 "没有好的交易"（no-good-deal）理论的应用] 所做的研究，在资产完全相关的情况下，他们的模型给出了 BSM 期权价格。

他们的主要假设是，在投资组合中增加期权不会改变夏普比率。这并不总是正确的，但总体来说还算是一个不错的估计（与布莱克和斯科尔斯在他们的推导中使用的假设相同）。不幸的是，这个边界对于任何实际的估值过程来说都太大了（假设完全相关，这个范围通常是从零到 BSM 价格）。

具有相关性标的资产的对冲期权，损益具有很大的分散度。在图 A-3 中，我们展示了每日用标的资产进行对冲对期权损益的影响，期限为一年。实际波动率和隐含波动率都是 30%，利率为 0，总 Vega 是 1.000 美元，通过几何布朗运动模型的 1 000 种路径计算分散度。

总之，当标的资产不可交易时，你能做的最好的事情就是找到另一个类似的产品（在协整的意义上）。这将让你使用 BSM 概念对期权进行估值，因为你现在可以对冲了。这可能不是一个好的对冲，但你需要尽你所能，接受方差，并寻求足够的优势。你不能凭空创造信息，但你可以通过对冲让别人接受一些不确定性。

非恒定的波动率

标的资产的波动率不是恒定的。标普 500 指数 30 天收盘价的滚动波动率如图 A-4 所示。

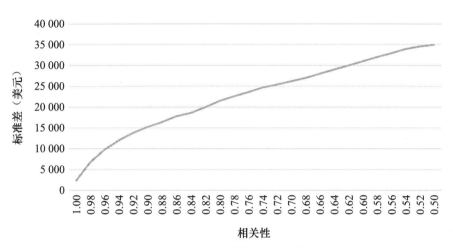

图 A-3 以不完全相关标的资产进行对冲的期权损益的标准差

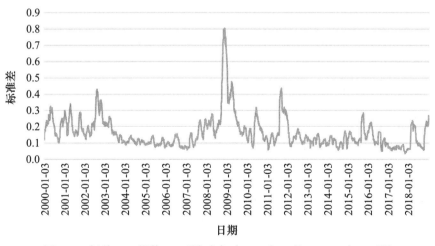

图 A-4 标普 500 指数 30 天波动率（2000 年 1 月～ 2018 年 12 月）

任何波动的非恒定性都会产生非正态的收益分布。最简单的例子，如果真正的收益过程是具有不同波动率的正态分布的混合，均值为零的混合正态分布的峰度为：

$$\frac{3(p_1\sigma_1^4 + p_2\sigma_2^4)}{(p_1\sigma_1^2 + p_2\sigma_2^2)^2} \tag{A-4}$$

其中 p_x 为处于波动率为 σ_x 的概率。因此，如果有 50% 的概率波动率为 20%，50% 的概率波动率为 80%，分布的峰度将为 5.3。

我们可以根据所得到的分布给期权定价，然后反向推出 BSM 隐含波动率来看看随机性是如何导致波动率微笑的，但我们也可以直接把隐含波动率看作随机变量来说明这一点。

期权隐含波动率是对期权整个存续周期内标的平均波动率的前瞻性估计。如果波动率不是常数，隐含波动率微笑就会出现。

考虑这样一个例子，一只 100 美元的股票有 50% 的概率波动率是 20%，50% 的概率波动率是 80%。因此，30 天中有一半时间行权价为 100 美元认购期权的价值为 2.29 美元，一半时间价值为 9.13 美元，平均价值为 5.71 美元。这对应于 50% 的隐含波动率，即两种可能的波动率状态的平均值。现在考虑一个行权价为 120 美元的认购期权。在低波动状态下，它一文不值，在高波动状态下，它价值 3.04 美元。在这种情况下，平均价值是 1.52 美元，相当于约 62% 的隐含波动率。

这种情况会产生一个对称的微笑，但是继续拓展想法，就会发现标的资产与波动率走势负相关，我们会在大多数产品中发现隐含波动率呈现不对称倾斜。假设我们两种波动状态（20% 和 80%）概率相同，但现在 102 美元的股价对应低波动状态，98 美元的股价对应高波动状态。通过上述相同的测试，我们发现行权价格为 80 美元的隐含波动率为 68%，行权价格为 100 美元的隐含波动率略高于 50%，而行权价格为 120 美元的隐含波动率为 59%。

非恒定的波动率产生了微笑的凸面。波动率和股价变化之间的相关性创造了微笑的斜率。其他原因也存在，但随机波动率显然是隐含波动率结构的主要原因。

为了阐释这个影响，已经开发了很多定价模型。比如，2019 年 1 月 4 日，SSRN 网站刊登了 717 篇标题涉及随机波动率的文章，3 287 篇文章标题、摘要或关键词涉及相关内容。

做市商也知道这种影响。他们通常使用修正后的 BSM 模型，该模型针对每一个行权价都有不同的波动率，并定期更新。那么，使用波动率确定的模型和偶尔改变参数的模型效果是否不如明确的随机波动率模型？

大量的研究比较了修正后的 BSM 模型与不同修正的给定模型的表现，得出了相同的结论。与交易员使用的经过修正的 BSM 模型相比，捕捉真正随机过程的随机波动率模型几乎没有什么改进。在每种情况下，由于使用 BSM 而产生的对冲误差在经济学上是不显著的。

进一步思考，即使一个随机过程在模拟标的资产动态变化方面相当有效，也不能精确地匹配所有的隐含波动率。对冲隐含波动率后的方差减少效应将会降低。即使随机波动率模型提供了更高的最终收益，它总是会造成每日损益更大的变化。

既然我们永远无法知道真正的波动率产生过程，那么使用一个简单易懂的、非参数修订的 BSM 模型大概就是最优解了。

小结

尽管 BSM 模型建立在许多明显不正确的假设基础上，但其中大多数都可以通过简单的调整（有些更特别）加以纠正。与更复杂的模型相比，BSM 有三大优势。它是一个行业标准，构成了交易者沟通的基础。大多数交易者所有的习得直觉都建立在 BSM 模型上。它很简单，在所有的交易程序中都可以实现。鉴于这些优势，去使用一个比 BSM 更"正确"的模型，还要做诸多调整，实在没有令人信服的理由。

要点

▶ BSM 不处理随机利率或带有交易成本的利率，但实际上这并不重要，因为影响通常很小。

▶ 在 BSM 中加入股息和持有利息很容易。

▶ 关于税收和 BSM 的研究很少，但其他所有模型也是如此。

▶ 如果存在相关的对冲工具，非流动性标的资产的期权是可以交易的。

▶ 波动率是随机的，但 BSM 模型中引入定期调整的波动率，和随机波动率定价模型一样有效。

附录 B　统计经验法则

许多普及的交易规则并没有事实基础，被普遍接受的短语"大拇指规则"的起源也是一样，只是个传说。故事是这样的：17 世纪英国有一条法律规定，打老婆的棍子最大宽度不能超过男人的一个大拇指。从来没有过这样的法律。

尽管如此，这些简单的启发有助于快速估计或建立基准。

将区间估计转换为期权定价输入因子

为了主观地为期权定价或模拟结果，你需要估计平均收益和收益方差。不幸的是，基本面分析师通常只给出一个最有可能的情形和一系列可能的结果。使用常见的时间序列方法来估计波动率可能是最好的，而分析师的收益信息也许有用。

这种转换的近似方法是三点估计（three-point-estimators）系列的一部分。近似分布的假定形状不同，近似方法也多样。

首先，将分析师的数据换算成年化百分比。那么，如果他对未来三个月 100 美元的股票低估值为 90 美元，那么这将转化为 –40% 的收益率。如果我们假设数据从三角形分布中推出，我们的低估值是 l，中等估值（以下简称中值）是 m，高估值是 h，平均估计是

$$均值 = \frac{(1+m+h)}{3} \tag{B-1}$$

这只是我们数据的均值。如果我们不知道分析师的历史准确度，这个均值是有意义的。但有时我们希望中值权重更大。如果我们对分析师更有信心，就会出现这种情况。如果我们不知道分析师水平如何，我们没有理由赋予中值更高的权重（在这种情况下，我们就应该降低我们得到的交易规模结果）。

均值的加权三点估计是：

$$均值 = \frac{(1+4m+h)}{6} \tag{B-2}$$

（这假设了真实过程符合 Beta 分布。）

如果我们对分析师有信心，我们就会将他的中值作为均值。

这种方法与理想状态相差甚远，但如果想把其他有价值来源的信息利用起来，它可能是唯一的办法了。

五法则

这是我在道格拉斯·哈伯德的《数据化决策》(*How to Measure Anything: Finding the Value of Intangible in Business*) 一书中读到的一个特别简单的启发。他没有提供参考资料，我也从未在其他地方看到过。

如果随机抽样，我们可以93%地确定总体中位数位于5个测量值的范围内。例如，如果我有一个参数不变的几何布朗运动模型，我测量了5个不同时期的波动率，得到30%、20%、26%、18%和23%，我可以93%地肯定，真正的中值波动率在18%～30%。随机抽样的通用说明适用于此。通常这个范围以及由此产生的置信区间会很宽，但是即使是使用一个非常小的样本来建立一个基本比率，仍然是有价值的。

如果所有的测量值都高于或低于中值，那么中值就可能超出范围。因为任何观测值高于中位数的概率是50%，所以5个测量值都高于中位数的概率是 $0.5^5=0.03125$。因为任何观测值低于中位数的概率也是一样的，所以超出范围的总概率是0.065。有93.5%的概率中位数在这个范围内。这个想法可以推广到不同的置信水平，并且只考虑某些子区间。

与所有启发式一样，"五法则"只是近似的，但如果能增长知识，就值得一用。

三法则

这是一种快速估计从未发生过的事情概率的方法。显然，在某些情况下，你需要拥有先备知识，不需要完全依赖于纯粹的数学界限，但这至少可以建立一个基本比率，还是有用的。

95% 发生概率的上限是：

$$\frac{3}{n} \tag{B-3}$$

n 是观测数量。

如果一个事件在 30 次观察中没有发生，那么这个事件 95% 的可能在下一个周期发生的概率是 3/30，即 10%。这可能看起来很高，但记住这个是上限，同时我们对于这个特定情形没有使用特定的信息。

为了得到结果，假设事件的概率是 p，这是我们想要估计的。在每个单独的时间段内，事件不发生的概率为 $1-p$。所以在 n 个周期之后事件没有发生的概率是

$$(1-p)^n \tag{B-4}$$

我们要找到一个概率 p，使这个概率小于 5%。这给出了未发生事件的边界。

为了求得 p，我们要求解这个不等式：

$$(1-p)^n < 0.05 \tag{B-5}$$

转化为对数形式：

$$n\ln(1-p) < \ln 0.5 \tag{B-6}$$

0.5 的对数约为 -3。如果 p 很小，也就相当于事情没有发生，$\ln(1-p)$ 近似为 $-p$（泰勒级数的一阶展开）。所以我们得到

$$-np < -3 \tag{B-7}$$

它给出了 p 的临界值。

显然，这个想法也可以用于其他的置信区间，并且可以（不那么明显的）推广到观察事件已经发生的情况。

我们在推导过程中做了两个非常重要的假设：p 是常数且连续的，观测是相互独立的。下面这个问题在这里就很合适了，"假如我带着点燃的蜡烛穿过烟花工厂 20 次都没有发生爆炸，我能再这么做一次吗？"但下面这样的问题就不适用了："假如我已经活了 70 年，我再活 1 年的概率有多大？"在这里，正常衰老过程意味着死亡的概率随着年龄的增长而增加，所以 p 不是恒定的，任何健康问题都意味着观察结果不是独立的。

在交易者可能感兴趣的问题中，事情可能不会这么清楚。举个例子，假设一家公司明年会破产。破产的可能性是否与过去发生的事情无关？在某些情况下，这是一种合理的猜测。如果一家公司非常依赖于一种产品，而且最容易受到颠覆性技术的影响，那么这种理论可能是有效的。但对于像优步（Uber）这样的公司来说，要想生存下去，当前的商业模式显然需要改变，这种假设可能就不成立了。类似地，拥有成熟商业模式的公司可能有相对恒定的破产概率，而初创公司就不是这么回事了。

附录 C   交易执行

在决定做什么交易之后，我们还是得去交易的。交易执行是一个复杂的问题。许多公开喊价的交易员赚了很多钱，纯粹是因为他们有良好的执行能力。执行是一项非常宝贵的技能，擅长执行可以掩盖许多其他交易弱点。如果你唯一的技能就是执行，那你就有可能成为一名优秀的场内交易员。同样，在电子交易所，许多公司利用算法交易、指令型套利和延时优势表现优异。

即使执行能力不是 Alpha 的一个来源（它绝对可以是），一个交易量足够大的交易者可能得要认真考虑执行的优化。但绝大多数交易员不会如此。他们显然想要最小化交易成本，但交易量又没有大到需要去投资一个算法系统。对于这些人来说，在广泛可用（并且免费）的经纪商的交易系统中使用内置的执行算法就可以了，20 年前，他们还是可以轻轻松松超过大多数交易量加权平均价格（VWAP）系统的，现在可不行了。

然而，了解如何考虑交易成本仍然很重要。所有的金融决策都是关于风险和收益的平衡。在交易执行中，问题就在于做一笔交易要花多少钱。如果我们太激进了，会因为付出的交易成本太高而赚不到钱。但如果我们太被动了，压根儿就不会做任何交易。无论交易规模和产品的流动性如何，这都是事实。情况发生的程度可能不同，但万变不离其宗。利用数学平衡预期收益和交易成本可能会复杂化，我们也可以使用一些广泛适用的经验法则。

交易决定取决于交易工具的特定价格，即"决定价格"。这通常是处于买卖价差中间的价格，但也可能是任何价格。交易成本是指买方支付的高于决定价格的溢价以及卖方支付的低于决定价格的折扣。总的交易成本有很多组成部分，以下是按它们被观察到的明显程度大致的排序。

- ▶ **佣金和费用：** 佣金是付给经纪商的，费用是由交易所和监管机构收取的，但它们都是固定的、可见的。这些费用由谁收取对我们交易者而言并不重要，所以我们将它们视为一类。

- ▶ **买卖价差：** 买卖价差是指最高买入价和最低卖出价之间的差额。它的存在是作为做市商提供流动性的补偿。由于做市商有自己的一系列问题，买卖价差在日内和不同的市场体制下变化很大。此外，显示的买卖价差往往不是真正的价差。可见的价差是有指定规模的。比这个小的订单通常可以在价差内完成，而大的订单通常会支付更大的价差。

► **价格变化：** 价格变化是指在我们决定交易和执行期间交易工具价值的变化。这可能是正的，也可能是负的，取决于我们是在买进还是在卖出，以及市场是在上涨还是在下跌。一般来说，当我们开始一笔交易时，成本会是负的，因为我们会高买低卖。但退出交易时成本就是随机的了，因为如果我们对价格有观点，我们就不会退出。这是可见的、可变的。

► **市场影响：** 市场影响是因为我们的订单导致的价格变化。因为价格也会有其自身的波动，因此订单对价格的市场影响难以观测。它也是可变的，并且取决于其他交易者在同一时间在做什么。有些影响是暂时的，只会持续到市场吸收新交易，但有些影响是永久性的，因为市场会吸纳来自更激进的价格接受者的新信息。

► **机会成本：** 机会成本是当我们不进行交易时所损失的收益。这通常是出于流动性不足。这种成本是无形的、可变的。

交易者的执行困境就是在这些成本下使收益最大化。如果他太激进，实际成本会很高。如果他过于被动，将会有很大的时间风险和机会成本，因为将错过许多交易。

佣金、费用和税收是我们交易策略不可避免的副产品。不能只是对某个交易策略减少交易频率或采取不同的持有期，那样就变成不同的策略了。这些成本应该在计划策略和测试时考虑到，但一旦我们进入交易，它们是什么就是什么了。要改变这些，就需要改变策略。

在某种程度上，买卖价差也是一种自然现象。如果你要求成交，你就要支付价差。许多交易者甚至很难接受这一点，认为他们能以买入价买入，以卖出价卖出。当然，也可以尝试这样做，但如果你想要保证成交，你就需要支付价差。

但有效价差可能不是较低卖出价和较高买入价之间的差值。想要了解的话，可以看一下表 C-1 中的订单簿。

表 C-1　2016 年 8 月 10 日早上 UVXY（VIX 短期期货 ETF）订单簿中的所有买卖单

买单规模（股）	价格（美元）	卖单规模（股）
	20.71	1 200
	20.70	1 200
	20.69	1 100
	20.68	1 800
	20.67	600
	20.66	1 400
	20.65	800
200	20.64	
1 000	20.63	
900	20.62	
500	20.61	
700	20.60	
1 300	20.59	

最优买入价是 20.64 美元，最优卖出价为 20.65 美元，但是 20.65 美元的卖出价订单只有 800 股。所以，如果我们想买入的数量超过 800 股，我们可以说价差是 0.01 美元（20.64 美元和 20.65 美元之间的差值）。但是如果我们想购买 5 000 股，我们支付价格需要高达 20.69 美元，平均购买价格是 20.669 2 美元。同样，卖出 5 000 股股票的平均成交价格是

20.608 美元。因此，对于 5 000 股的订单，有效买卖价差为 0.612 美元。买卖价差取决于订单规模，在某些情况下这是不言而喻的，比如当订单簿比较密集的时候，这种情况还挺常见的。

我们刚才给出的 UVXY 订单簿的例子中，实际有效的价差比最优买卖价差更大。但也有实际价差比当前发布的价差更小的情况。这在期权市场上经常发生。做市商不愿冒风险以较小的价差交易规模较大的订单，但他们可能会以更小价差交易规模较小的订单。例如，交易数量为 100 手的期权订单，价差可能是以 9.0 美元买入，以 9.5 美元卖出，但对于交易数量为 5 手的订单，做市商可能以 9.2 美元买入，以 9.3 美元卖出。

有时你能看到实际的价差，有时不能。有时你必须通过下一笔小订单来"钓鱼"，看看在哪里能成交。但请记住，价差是无法改变的事实。如果市场显示 100 手的买入价为 9.0 美元，卖出价为 9.5 美元，如果你试图以 9.2 美元的价格卖出 1 000 手，就不太可能成交。

一般来说，以下这些表述是正确的：

▶ 一个无穷小的订单的成交价格是你看到的买卖中间价。

▶ 如果你要求成交，你需要支付价差。

▶ 你的订单规模越大，你与"零规模"下价格的差异就越大。

与买卖价差有关的是市场影响的概念，是指一个给定的订单改变市场价格的程度。将市场影响进一步划分为暂时影响和长期影响会有所帮助。

让我们考虑一下暂时的市场影响。比如通过交易，订单簿中的一些订单会成交。通常情况下这种影响是暂时的，因为我们可以预想到订单簿能再次填满。但订单簿也不是完全相同，这种差异是长期的影响。有两种方法可以说明这种长期性影响一定存在。第一，所有的交易都会传递信息。如果有些人正在买入，他们肯定是认为价格会上升。证券价格就是所有这些信息的集成，并且每个新订单都将带来一些调整。第二，防止套利。如果所有的市场影响都是暂时的，我们可以把订单拆成更小的订单，而且总是能保证比做一笔大规模订单支付更小的价差。我们只需要等待市场订单重新增加即可。在 UVXY 的例子中，购买 500 股的影响只有 0.01 美元。为什么不干脆就买这么多，等订单簿填满后再做 10 次呢？即使我们不考虑固定费用和价格的上升，对市场的长期影响意味着这样做并不是必然更优的。

是拆单执行还是一次性执行，如果我们要做出一个明智的决定，就需要有一个订单簿动态模型。在任意时间，作为订单规模函数的价差是什么？

如果我们有这样一个模型，我们可以决定最优的"拆单"过程，将总订单拆分为子订单，使影响最小化。但是，尽管有很多这样的模型，但大多数都太复杂了，对非量化交易员来说没有任何用处（而且我也不清楚它们是否有增值作用，这一切是否划得来）。如果你的交易规模足够大，这样的模型是有用的（对"足够大"的合理猜测是在一定时间内订单规模约为交易量的 1%），你可能要使用大多数专业级别的经纪公司提供的某种执行算法。如果你的交易规模没有这么大，那么如何分割订单可能就不太重要了。

VWAP 交易是旨在使市场影响最小化的算法，它的目标是匹配交易量加权平均价格。VWAP 本身是衡量在一定时间内所有市场活动的平均交易价格的一个指标。它经常被视为公允的执行价格，许多交易员以

VWAP 价格为基准执行他们的交易。

实现 VWAP 理论上很容易，但在现实生活中显然更难。根据定义，要完美匹配 VWAP，交易者需要参与每一笔交易。例如，如果一个交易员的订单是一段时间内成交量的 10%，他就需要参与每笔交易的 10%。这是不可能的，原因如下：

- ▶ 大多数交易所成交算法不会让你随心所欲地进行交易。很多都是在时间优先的基础上进行的。
- ▶ 直到事件发生后你才能知道交易量。
- ▶ 输入足够多的单个订单来参与每笔交易是不可能的。

然而，交易量呈现出足够稳定的特征，我们可以通过查看历史数据来得出单位时间的交易量。数字足够稳定，以至于许多经纪商会提供有保证的 VWAP 执行，他们承诺你以实际已实现的 VWAP 成交。他们永远无法真正执行这个价格，但他们的跟踪错误很小，无偏差。

VWAP 策略有利于降低市场影响，因为它们的交易与市场交易量成比例。它们不会试图将大量的交易量推入订单量少的市场，这将会影响价格，这就是市场影响的定义。但是，市场影响只是一种交易成本，VWAP 策略在管理主动交易者最重要的成本即时间成本方面并不是最好的。

时间成本是指交易决定和最终执行之间的市场变动量。它可以是正的，也可以是负的。以美联储波动率指数交易为例。这里我的论点是，波动率指数期货在美联储宣布之前的 15 分钟内上涨，然后立即崩盘。这意味着在消息公布前卖出股票时，我可以略被动地坐等报价，这与我在美联储发布公告后买回头寸时一样，我能等得起。

相反，如果我正在买入期货，比如在消息公布前 30 分钟，我预期它们会在消息发布前上涨，那么我就需要激进一些，提高卖出报价。我不能在买入价上一直等，因为价格将自然远离买入价。

理解这个想法对于积极的交易者是至关重要的，因为我们通常在交易时都期望能在市场上快速获利。如果我们犹豫不决，拒绝支付价差，我们可能永远不会成交，一无所获。

案例

假设我们想卖出一只股票的跨式期权，因为我们预计在公司公布收入后隐含波动率会下跌。在消息公布的前一天开盘时，跨式策略买入价为 2.1 美元，卖出价为 2.5 美元。我们想卖 20 手跨式期权，买入价和卖出价都是 100 美元。

因为我知道，在消息宣布之前，隐含波动率通常都会上升，所以我可以等市场来找我。所以，我会在市场中间价卖出 20 手，价格是 2.3 美元。如果没有成交，我们就试试别的。我从回测和之前的交易结果中知道，预计在消息宣布后，跨式期权价格将跌至 1.0 美元。从中间价格来看，收益是 1.3 美元，但即使是从买入价来看，收益也是 1.1 美元。这个收益预测有一些不确定性，但根据我自己的风险回报计算，我绝不会为了得到更好的 0.2 美元成交而错过收益为 1.1 美元的机会。为了能以更好的价格买到，我会做一点"钓鱼"交易。我会卖出 1 手，然后逐渐降价，直到我的卖出价被成交。然后剩下的 19 手我将以稍微好于之前卖出价的价格成交。如果没被成交，我就按照买价报价。这笔交易预计是有利可图的，所以我不想错过。

到目前为止，对一个活跃的交易者来说，在执行上最重要的方面是不要错过交易。从心理上讲，避免错过交易的一种简单方法是在卖出时根据买入价评估交易，在买入时根据卖出价评估交易。这样你就不会被价差吓到。

记住你交易工具的预期方向。如果你在上涨市场卖股票，你可以有耐心些，但是如果你在上涨市场买股票，你就需要激进一些。

参考文献

Abreu, D., and M. Brunnermeier. 2003. "Bubbles and Crashes." *Econometrica* 71: 173–204.

Ahmad, R., and P. Wilmott. 2005. "Which Free Lunch Would You Like Today, Sir?" *Wilmott Magazine* (November): 64–79.

Andersson, M., L. Overby, and S. Sebestyen. 2009. "Which News Moves the Euro Area Bond Market." *German Economic Review* 10: 1–31.

Andries, M., T. Eisenbach, M. Schmalz, and Y. Wang. 2015. "The Term Structure of the Price of Volatility Risk." Working paper, Toulouse School of Economics.

Aronson, D. 2007. *Evidence-Based Technical Analysis*. New York: Wiley.

Bachelier, L. 1900. *Theorie de la Speculation*. Paris: Gauthier-Villars. (Reprinted in English in Cootner, 1964).

Bakshi, Z., C. Cao, and Z. Chen. 1997. "Empirical Performance of Alternative Option Pricing Models." *The Journal of Finance* 52: 2003–2049.

Bakshi, Z., C. Cao, and Z. Chen. 2000. "Pricing and Hedging Long-term Options." *Journal of Econometrics* 94: 277–318.

Ball, R. J., and P. Brown. 1968. "An Empirical Evaluation of Accounting Income Numbers." *Journal of Accounting Research* 6: 159–178.

Baltas, N. 2019. "The Impact of Crowding in Alternative Risk Premia Investing." *Financial Analysts Journal*. SSRN: 33603350.

Barber, B., and T. Odean. 2008. "All That Glitters: The Effect of Attention and News on the Buying Behavior of Individual and Institutional Investors." *Review of Financial Studies* 21: 785–818.

Bartov, E., S. Radhakrishnan, and I. Krinsky. 2000. "Investor Sophistication and Patterns in Stock Returns after Earnings Announcements." *The Accounting Review* 75: 43–63.

Beaver, W. 1968. "The Information Content of Annual Earnings Announcements." *Journal of Accounting Research, Empirical Research in Accounting: Selected Studies* 6: 67–92.

Ben-Meir, A., and J. Schiff. 2012. "The Variance of Standard Option Returns." http://arxiv.org/abs/1204.3452.

Bergman, Y. 1995. "Option Pricing with Differential Interest Rates." *Review of Financial Studies* 8: 475–500.

Bernard, C., and P. Boyle. 2009. "Mr. Madoff's Amazing Returns: An Analysis of the Split-Strike Conversion Strategy." *Journal of Derivatives* 17: 62–76.

Bernard, V., and J. K. Thomas. 1989. "Post-Earnings-Announcement Drift: Delayed Price Response or Risk Premium?" *Journal of Accounting Research* 27: 1–36.

Bernard, V. L., and J. K. Thomas. 1990. "Evidence That Stock Prices Do Not Fully Reflect the Implications of Current Earnings for Future Earnings." *Journal of Accounting and Economics* 13: 305–340.

Beunza, D., and D. Stark. 2012. "From Dissonance to Resonance: Cognitive Interdependence in Quantitative Finance." *Economy and Society* 41: 383–417.

Biermann, C. 2019. *Football Hackers: The Science and Art of a Data Revolution.* London: Blink Publishing.

Black, F. 1986. "Noise." *Journal of Finance* 41: 528–543.

Bollen, N., and E. Raisel. 2003. "The Performance of Alternative Valuation Models in the OTC Currency Option Market." *Journal of International Money and Finance* 22: 33–64.

Bollerslev, T., J. Marrone, L. Xu, and H. Zhou. 2014. "Stock Return Predictability and Variance Risk Premia, *Statistical Inference and International Evidence* 49: 633–661.

Bollerslev, T., and V. Todorov. 2011. "Tails, Fears, and Risk Premia." *The Journal of Finance* 66: 2165–2211.

Bollerslev, T., and H. Zhou. 2007. "Expected Stock Returns and Variance Risk Premia." Working paper, Federal Reserve Board.

Bondarenko, O. 2003. "Why Are Put Options So Expensive?" Working paper, University of Illinois-Chicago.

Boness, J. 1962. "A Theory and Measurement of Stock Option Value." PhD Dissertation, University of Chicago.

Boness, J. 1964. "Elements of a Theory of Stock-Option Value." *Journal of Political Economy* 72: 163–175.

Box, G. 1976. "Science and Statistics." *Journal of the American Statistical Association* 71: 791–799.

Boyer, B., and K. Vorkink. 2014. "Stock Options as Lotteries." *The Journal of Finance* 69: 1485–1527.

Brenner, M., and M. Subrahmanyam. 1988. "A Simple Formula to Compute the Implied Standard Deviation." *Financial Analysts Journal* 5: 80–83.

Bronzin, V. 1906. *Lehrbuch der Politischen Arithmetik.* Leipzig: Franz Deuticke.

Browne, S. 1999. "Reaching Goals by a Deadline: Digital Options and Continuous-Time Active Portfolio Management." *Advances in Applied Probability* 31: 551–577.

Browne, S. 2000a. "Can You Do Better Than Kelly in the Short Run?" In *Finding the Edge: Mathematical Analysis of Casino Games,* ed. O. Vancura, J. Cornelius, and W. Eadington, 215–231. Reno: University of Nevada, Reno Bureau of Business.

Browne, S. 2000b. "Risk Constrained Dynamic Active Portfolio Management." *Management Science* 46: 1188–1199.

Cahan, R., and Y. Luo. 2013. "Standing Out from the Crowd: Measuring Crowding in Quantitative Strategies." *Journal of Portfolio Management* 39: 14–23.

Cao, J., A. Vasquez, X. Xiao, and X. Zhan. 2018. "Volatility Uncertainty and the Cross Section of Option Returns." SSRN: 3178263.

Cao, J., B. Han, Q. Tong, and X. Zhan. 2015. "Option Return Predictability," 27th Annual Conference on Financial Economics and Accounting Paper, Rotman School of Management Working Paper No. 2698267.

Capinski, M., and W. Patena. 2003. "Real Options-Realistic Valuation." SSRN: 476721.

Cerny, A., and S. Hodges. 2000. "The Theory of Good-Deal Pricing in Financial Markets." Imperial College Management School, London.

Chabot, B., E. Ghysels, and R. Jagannathan. 2009. "Price Momentum in Stocks: Insights from Victorian Age Data." NBER Working Paper No. w14500.

Choi, H., P. Mueller, and A. Vedolin. 2017. "Bond Variance Risk Premiums." *Review of Finance* 21: 987–1022.

Chordia, T., A. Subrahmanyam, and Q. Tong. 2014. "Have Capital Market Anomalies Attenuated in the Recent Era of High Liquidity and Trading Activity?" *Journal of Accounting and Economics* 58: 41–58.

Chen, E., and A. Clements. 2007. "S&P 500 Implied Volatility and Monetary Policy Announcements." *Finance Research Letters* 4: 227–232.

Chung, S., and H. Lewis. 2017. "Earnings Announcements and Option Returns." *Journal of Empirical Finance* 40: 220–235.

Clare, A., J. Seaton, P. Smith, and S. Thomas. 2013. "Breaking into the Blackbox: Trend Following, Stop Losses and the Frequency of Trading–The Case of the S&P500." *Journal of Asset Management* 14: 182–194.

Cootner, P. 1964. *The Random Character of Stock Market Prices*. Cambridge, MA: MIT Press.

Cvitanic, J., and I. Karatzas. 1995. "On Portfolio Optimization under 'Drawdown' Constraints." *IMA Volumes in Mathematics and Its Applications* 65: 35–46.

Daniel, K., D. Hirshleifer, and A. Subrahmanyam. 1998. "Investor Psychology and Security Market Under- and Overreactions." *Journal of Finance* 53: 1839–1885.

De Grauwe, P., and M. Grimaldi. 2004. "Bubbles and Crashes in a Behavioural Finance Model." Sveriges Riksbank Working Paper No. 164, Stockholm, May.

DellaVigna, S., and J. Pollet. 2009. "Investor Inattention and Friday Earnings Announcements." *Journal of Finance* 64: 709–749.

Dew-Becker, I., S. Giglio, A. Le, and M. Rodriguez. 2014. "The Price of Variance Risk." Working paper, Kellogg.

Diba, B., and H. Grossman. 1988. "The Theory of Rational Bubbles in Stock Prices." *The Economic Journal* 98: 746–754.

Di Pietro, V., and G. Vainberg. 2006. "Systematic Variance Risk and Firm Characteristics in the Equity Options Market." SSRN: 858304.

do Vale, R., R. Pieters, and M. Zeelenberg. 2016. "The Benefits of Behaving Badly on Occasion: Successful Regulation by Planned Hedonic Deviations." *Journal of Consumer Psychology* 26: 17–28.

Driessen, J., and P. Maenhout. 2006. "The World Price of Jump and Volatility Risk." Working paper, Insead.

Driessen, J., P. Maenhout, and G. Vilkov. 2009. "The Price of Correlation Risk: Evidence from Equity Options." *Journal of Finance* 64: 1377–1406.

Dyson, F. 2004. "A Meeting with Enrico Fermi." *Nature* 427 (January 22): 297.

Easton, P., G. Gao, and P. Gao. 2010. "Pre-earnings Announcement Drift." SSRN: 1786697.

Ederington, L., and J. Lee. 1996. "The Creation and Resolution of Market Uncertainty: The Impact of Information Releases on Implied Volatility." *Journal of Financial and Quantitative Analysis* 31: 513–539.

Engle, R., and J. Rosenberg. 2002. "Empirical Pricing Kernels." *Journal of Financial Economics* 64: 341–372.

Erb, C., and C. Harvey. 2006. "The Strategic and Tactical Value of Commodity Futures." *Financial Analysts Journal* 62: 69–97.

Fama, E. F. 1965a. "The Behavior of Stock-Market Prices." *The Journal of Business* 38: 34–105.

Fama, E. F. 1965b. "Random Walks in Security Prices." *Financial Analysts Journal* 41: 55–59.

Fama, E. F. 1998. "Market Efficiency, Long-Term Returns, and Behavioral Finance." *Journal of Financial Economics* 49: 283–306.

Fama, E., and K. French. 1997. "Industry Costs of Equity." *Journal of Financial Economics* 43: 153–193.

Fama, E., and K. French. 2010. "Size, Value and Momentum in International Stock Returns." Fama-Miller Working Paper, Tuck School of Business Working Paper No. 2011–85, Chicago Booth Research Paper No. 11–10.

Fernandez-Perez, A., B. Frijns, and A. Tourani-Rad. 2017. "When No News Is Good News–The Decrease in Investor Fear after the FOMC Announcement." *Journal of Empirical Finance* 41: 187–199.

Fisher, I. 1930. *The Theory of Interest, as Determined by Impatience to Spend Income and Opportunity to Invest It.* New York: McMillan.

Fligstein, N., and L. Dauter. 2007. "The Sociology of Markets." *The Annual Review of Sociology* 33: 105–128.

Foster, G., C. Olsen, and T. Shelvin. 1984. "Earnings Releases, Anomalies and the Behavior of Security Returns." *The Accounting Review* 59: 574–603.

Fuss, R., F. Mager, H. Wohlenberg, and L. Zhao. 2011. "The Impact of Macroeconomic Announcements on Implied Volatility." *Applied Financial Economics* 21: 1571–1580.

Gao, C., Y. Xing, and X. Zhang. 2017. "Anticipating Uncertainty: Straddles around Earnings Announcements." SSRN: 2204549.

Geczy, C., and M. Samnov. 2016. "Two Centuries of Price Return Momentum." *Financial Analysts Journal* 72: 32–56.

Gorton, G., F. Hayashi, and K. Rouwenhorst. 2013. "The Fundamentals of Commodity Futures Returns." *Review of Finance* 17: 35–105.

Gorton, G., and K. Rouwenhorst. 2006. "Facts and Fantasies about Commodity Futures." *Financial Analysts Journal* 62: 47–68.

Gospodinov, N., and I. Jamali. 2012. "The Effects of Federal Funds Rate Surprises on S&P500 Volatility and Volatility Risk Premium." *Journal of Empirical Finance* 19: 497–510.

Gray, W. 2014. "Are You Trying Too Hard?" SSRN: 2481675.

Grosshans, D., and S. Zeisberger. 2018. "All's Well That Ends Well? On the Importance of How Returns Are Achieved." *Journal of Banking and Finance* 87: 397–410.

Grossman, S., and J. Stiglitz. 1980. "On the Impossibility of Informationally Efficient Markets." *American Economic Review* 70: 393–408.

Grossman, S., and Z. Zhou., 1993. "Optimal Investment Strategies for Controlling Drawdowns." *Mathematical Finance* 3: 241–276.

Han, Y., G. Zhou, and Y. Zhu. 2016. "Taming Momentum Crashes: A Simple Stop-Loss Strategy." SSRN: 2407199.

Hanley, J. A., and A. Lippman-Hand. 1983. "If Nothing Goes Wrong Is Everything All Right?" *Journal of the American Medical Association* 249: 1743–1745.

Harvey, C., Y. Liu, and Z. Hequing. 2016. " . . . and the Cross-Section of Expected Returns." *The Review of Financial Studies* 29: 5–68.

He, W., Y. Lee, and P. Wei. 2010. "Do Option Traders on Value and Growth Stocks React Differently to New Information?" *Review of Quantitative Finance and Accounting* 34: 371–381.

Higgins, L. 1906. *The Put-and-Call.* London: Effingham Wilson.

Hirshleifer, D., S. Lim, and S. Teoh. 2009. "Driven to Distraction: Extraneous Events and Underreaction to Earnings News." *Journal of Finance* 64: 2289–2325.

Hodges, S. 1998. "A Generalization of the Sharpe Ratio and Its Applications to Valuation Bounds and Risk Measures." Working paper, Financial Options Research Centre, University of Warwick.

Hodges, S., R. Tompkins, and W. Ziemba. 2003. "The Favorite/Long-Shot Bias in S&P 500 and FTSE 100 Index Futures Options: The Return to Bets and the Cost of Insurance." EFA 2003 Annual Conference Paper No. 135.

Hogan, R. 2011. "Quantifying the Variance Risk Premium in VIX Options." CMC Senior Thesis Paper 147. http://scholarship.claremont.edu/cmc_theses/147.

Hou, K., C. Xue, and L. Zhang. 2017. "Replicating Anomalies." NBER Working Papers 23394, National Bureau of Economic Research.

Huang, D., C. Schlag, I. Shaliastovich, and J. Thime. 2018. "Volatility of Volatility Risk." *Journal of Financial and Quantitative Analysis* 53: 1–63.

Hubbard, D. W. 2007. *How to Measure Anything: Finding the Value of Intangibles in Business*. 3rd ed. New York: Wiley.

Hull, J., and A. White. 2017. "Optimal Delta Hedging for Options." *Journal of Banking and Finance* 82: 180–190.

Ioannidis, J. 2005. "Why Most Published Research Findings Are False." *PLoS Medicine* 2: e124.

Israelov, R., and H. Tummala. 2017. "Which Index Options Should You Sell." SSRN: 2990542.

Jansen, I., and A. Nikiforov. 2016. "Fear and Greed: A Returns-Based Trading Strategy around Earnings Announcements." *Journal of Portfolio Management* 42: 88–95.

Jenkinson, T., H. Jones, and J. Martinez. 2015. "Picking Winners? Investment Consultants' Recommendations of Fund Managers." *The Journal of Finance* 71: 2333–2370.

Jones, C., O. Lamont, and R. Lumsdaine. 1998. "Macroeconomic News and Bond Market Volatility." *Journal of Financial Economics* 47: 315–337.

Jones, C., and J. Shemesh. 2017. "Option Mispricing around Nontrading Periods." *The Journal of Finance* 73: 861–900.

Jung, D. 2000. "The Model Risk of Option Pricing Models When Volatility Is Stochastic: A Monte Carlo Simulation Approach." PhD dissertation, University of Missouri–Columbia.

Jung, D., and C. Corrado. 2009. "Tweaking Black Scholes." SSRN: 1330248.

Kaeck, A. 2017. "Variance-of-Variance Risk Premium." *Review of Finance* 22: 1549–1579.

Katona, G. 1975. *Psychological Economics*. New York: Elsevier.

Kelly, B., and H. Jiang. 2014. "Tail Risk and Asset Prices." *Review of Financial Studies* 27: 2841–2871.

Kelly, J. 1956. "A New Interpretation of Information Rate." *Bell System Technical Journal* 35: 917–926.

Keynes, J. M. 1930. *A Treatise on Money*. London: MacMillan.

Kim, Y.-J. 2002. "Option Pricing under Stochastic Interest Rates: An Empirical Investigation." *Asia-Pacific Financial Markets* 9: 23–44.

Kipling, R. 1910. *"If"* in *Rewards and Fairies*. London: Doubleday.

Knight, F. 1921. *Risk, Uncertainty, and Profit*. Boston: Houghton Mifflin.

Koijen, R., M. Schmeling, and E. Vrugt. 2015. "Survey Expectations of Returns and Asset Pricing Puzzles." London Business School IFA working paper.

Kozhan, R., A. Neuberger, and P. Schneider. 2011. "The Skew Risk Premium in Index Option Prices." AFA 2011 Denver Meetings Paper. SSRN: 1571700.

Lamont, O., and A. Frazzini. 2007. "The Earnings Announcement Premium and Trading Volume." NBER Working Papers 13090, National Bureau of Economic Research.

Lee, Y. 2017. "Market Reactions to Unexpected Relative Earnings Performance." *Asia-Pacific Journal of Accounting and Economics* 24: 339–357.

Lei, A., and H. Li. 2009. "The Value of Stop Loss Strategies." *Financial Services Review* 18: 23–51.

Lempérière, Y., C. Deremble, P. Seager, M. Potters, and J. P. Bouchaud. 2014. "Two Centuries of Trend Following." *Journal of Investment Strategies* 3: 41–61.

Li, M., and N. Pearson. 2007. "A 'Horse Race' Among Competing Option Pricing Models Using S&P 500 Index Options." SSRN: 952770.

Lintner, J. 1965. "The Valuation of Risk Assets and the Selection of Risky Investments in Stock Portfolios and Capital Budgets." *The Review of Economics and Statistics* 47: 13–37.

Lo, B., and S. Zhang. 2005. "The Volatility Risk Premium Embedded in Currency Options." *Journal of Financial and Quantitative Analysis* 40: 803–832.

Londono, J. 2011. "The Variance Risk Premium around the World." Federal Reserve International Discussion Papers, Number 1035.

Londono, J., and H. Zhou. 2017. "Variance Risk Premiums and the Forward Premium Puzzle." *Journal of Financial Economics* 124: 415–440.

Louis, T. 1981. "Confidence Intervals for a Binomial Parameter after Observing No Successes." *The American Statistician* 35: 154.

Lucca, D., and E. Moench. 2011. "The pre-FOMC Announcement Drift." Staff Report, No. 512, Federal Reserve Bank of New York.

Maillard, D. 2018. "Adjusted Sharpe Ratio: Some Caveats." SSRN: 3284396.

Mandelbrot, M. 1963. "The Variation of Certain Speculative Prices." *The Journal of Business* 36: 394–419.

Markopolos, H. 2010. *No One Would Listen: A True Financial Thriller.* New York: Wiley.

Mason, P., and S. Utke. 2019. "Investor Taxes and Option Prices." SSRN: 332680.

Massey, A., and A. Hill. 2012. "Dieting and Food Craving: A Descriptive, Quasi-Prospective Study." *Appetite* 58: 781–785.

McLean, R., and J. Pontiff. 2016. "Does Academic Research Destroy Stock Return Predictability?" *Journal of Finance* 71: 5–32.

Merton, R. 1973. "Theory of Rational Option Pricing." *The Bell Journal of Economics and Management Science* 4: 141–183.

Mills, F. 1927. "The Behavior of Prices." National Bureau of Economic Research, New York.

Mitchell, W. 1915. "The Making and Using of Index Numbers." Bulletin 1973 of the U.S. Bureau of Labor Statistics.

Mossin, J. 1966, "Equilibrium in a Capital Asset Market." *Econometrica* 34: 768–783.

Muravyev, D., and X. Ni. 2018. "Why Do Option Returns Change Sign from Day to Night?" SSRN: 2820264.

Nietzsche, F. 1878, "Human, All Too Human," Section Nine. *Man Alone with Himself*, aphorism 494.

Nikkinen, J., and P. Sahlström. 2004. "Impact of the Federal Open Market Committee's Meetings and Scheduled Macroeconomic News on Stock Market Uncertainty." *International Review of Financial Analysis* 13: 1–12.

Oehlert, G. 1992. "A Note on the Delta Method." *American Statistician* 46: 27–29.

Olivier, M. 1926. "Les Nombres Indices de la Variation des Prix." Doctoral Dissertation: Paris.

Osborne, M. 1959. "Brownian Motion in the Stock Market." *Operations Research* 7: 145–173, 807–811.

Patell, J., and M. Wolfson. 1979. "Anticipated Information Releases Reflected in Call Option Prices." *Journal of Accounting and Economics* 1: 117–140.

Park, Y. 2015. "Volatility-of-Volatility and Tail Risk Hedging Returns." *Journal of Financial Markets* 26: 38–63.

Pézier, J. 2004. "Risk and Risk Aversion. In *The Professional Risk Managers' Handbook,* ed. C. Alexander and E. Sheedy. New York: PRMIA Publications.

Philippon, T. 2012. "Finance versus Wal-Mart: Why Are Financial Services So Expensive." In *Rethinking the Financial Crisis*, ed. A. Blinder, A. Lo, and R. Solow. New York: Russell Sage Foundation.

Poon, S. 2005. *A Practical Guide to Forecasting Financial Market Volatility*. London: Wiley.

Poon, S., and C.W.J. Granger. 2003. "Forecasting Volatility in Financial Markets: A Review." *Journal of Economic Literature* 41 (2): 478–539.

Prokopczuk, M., and C. Simen. 2014. "Variance Risk Premia in Commodity Markets." SSRN: 2195691.

Ramnath, S. 2002. "Investor and Analyst Reactions to Earnings Announcements of Related Firms: An Empirical Analysis." *Journal of Accounting Research* 40: 1351–1376.

Ross, S. 1976. "The Arbitrage Theory of Capital Asset Pricing." *Journal of Economic Theory* 13: 341–360.

Ruan, X. 2017. "Cross Section of Option Returns and Volatility-of-Volatility." SSRN: 3055982.

Samuelson, P. 1965. "Proof That Properly Anticipated Prices Fluctuate Randomly." *Industrial Management Review* 6: 41–49.

Scholes, M. 1976. "Taxes and the Pricing of Options." *The Journal of Finance* 31: 319–332.

Shaikh, I. and P. Padhi. 2013. "Macroeconomic Announcements and Implied Volatility Index: Evidence from India VIX." *Margin: The Journal of Applied Economic Research* 7: 417–442.

Sharpe, W. 1964. "Capital Asset Prices: A Theory of Market Equilibrium under Conditions of Risk." *The Journal of Finance* 19: 425–442.

Simon, D., and J. Campasano. 2014. "The VIX Futures Basis: Evidence and Trading Strategies." *The Journal of Derivatives* 21: 54–69.

Sinclair, E. 2010. *Option Trading: Pricing and Volatility Strategies and Techniques*. New York: Wiley.

Sinclair, E. 2013. *Volatility Trading*. 2nd ed. New York: Wiley.

Sinclair, E. 2014. "Confidence Intervals for the Kelly Criterion." *Journal of Investment Strategies* 3: 65–74.

Sinclair, E. 2018. "Reflections on Recent Volatility." *Journal of Investment Strategies* 7: 77–82.

Sinclair, E., and R. Brooks. 2017 "The Skewness and Kurtosis of European Options and the Implications for Trade Sizing." SSRN: 2956161.

So, E., and S. Wang. 2014. "News-Driven Return Reversals: Liquidity Provision ahead of Earnings Announcements." *Journal of Financial Economics* 114: 20–35.

Taylor, D. 2011. "Retail Investors and the Adjustment of Stock Prices to Earnings Information." Wharton School Working Papers, University of Pennsylvania.

Tosi, A., and A. Ziegler. 2017. "The Timing of Option Returns." SSRN: 2909163.

Treynor, J. 1962. "Toward a Theory of Market Value of Risky Assets." Unpublished manuscript.

Vähämaa, S., and J. Äijö. 2011. "The Fed's Policy Decisions and Implied Volatility." *The Journal of Futures Markets* 31: 995–1010.

van Binsbergen, J., and R. Koijen. 2015. "The Term Structure of Returns: Facts and Theory." NBER Working Paper 21234.

Vasquez, A. 2017. "Equity Volatility Term Structures and the Cross Section of Option Returns." *Journal of Financial and Quantitative Analysis* 52: 1–28.

Vilkov, G. 2008. "Variance Risk Premium Demystified." SSRN: 891360.

Watts, R. L. 1978. "Systematic 'Abnormal' Returns After Quarterly Earnings Announcements." *Journal of Financial Economics* 6: 127–150.

Yung, H., and H. Zhang. 2003. "An Empirical Investigation of the GARCH Option Pricing Model: Hedging Performance." *Journal of Futures Markets* 23: 1191–1207.

Zhang, L. 2007. "Sample Mean and Sample Variance: Their Covariance and Their (In)Dependence." *American Statistician* 61: 159–160.

译者后记

　　《期权交易仓位管理高级指南》深度分析了期权交易结构和期权风险管理，可以为有一定经验的期权交易者提供有价值的参考。我们翻译此书，希望能帮助读者多角度学习期权投资知识、提高交易技能，为培养我国衍生品专业人才、推动衍生品市场健康发展贡献绵薄之力。

　　本书由深圳证券交易所衍生品部陈炜博士主持翻译，刘畅、吴国珊、徐悫懿、万玉琪、郭婷、季婧、左曦希、宋蕊廷、张韶阳、王子远、王怡舟等均参加和承担了本书重要章节的翻译工作，本书的翻译出版是大家共同辛勤努力的成果，在此向参与本书翻译的所有成员表示衷心的感谢。本书翻译出版得到国家自然科学基金项目（71571121）资助。

　　囿于译者的学力，如有尚待商榷之处，恳请读者不吝指正。

译　者

2022 年 7 月

推荐阅读

序号	中文书号	中文书名	定价
1	69645	敢于梦想：Tiger21创始人写给创业者的40堂必修课	79
2	69262	通向成功的交易心理学	79
3	68534	价值投资的五大关键	80
4	68207	比尔·米勒投资之道	80
5	67245	趋势跟踪（原书第5版）	159
6	67124	巴菲特的嘉年华：伯克希尔股东大会的故事	79
7	66880	巴菲特之道（原书第3版）（典藏版）	79
8	66784	短线交易秘诀（典藏版）	80
9	66522	21条颠扑不破的交易真理	59
10	66445	巴菲特的投资组合（典藏版）	59
11	66382	短线狙击手：高胜率短线交易秘诀	79
12	66200	格雷厄姆成长股投资策略	69
13	66178	行为投资原则	69
14	66022	炒掉你的股票分析师：证券分析从入门到实战（原书第2版）	79
15	65509	格雷厄姆精选集：演说、文章及纽约金融学院讲义实录	69
16	65413	与天为敌：一部人类风险探索史（典藏版）	89
17	65175	驾驭交易（原书第3版）	129
18	65140	大钱细思：优秀投资者如何思考和决断	89
19	64100	投资策略实战分析（原书第4版·典藏版）	159
20	64043	巴菲特的第一桶金	79
21	63530	股市奇才：华尔街50年市场智慧	69
22	63388	交易心理分析2.0：从交易训练到流程设计	99
23	63200	金融交易圣经II：交易心智修练	49
24	63137	经典技术分析（原书第3版）（下）	89
25	63136	经典技术分析（原书第3版）（上）	89
26	62844	大熊市启示录：百年金融史中的超级恐慌与机会（原书第4版）	80
27	62684	市场永远是对的：顺势投资的十大准则	69
28	62120	行为金融与投资心理学（原书第6版）	59
29	61637	蜡烛图方法：从入门到精通（原书第2版）	60
30	61156	期货狙击手：交易赢家的21周操盘手记	80
31	61155	投资交易心理分析（典藏版）	69
32	61152	有效资产管理（典藏版）	59
33	61148	客户的游艇在哪里：华尔街奇谈（典藏版）	39
34	61075	跨市场交易策略（典藏版）	69
35	61044	对冲基金怪杰（典藏版）	80
36	61008	专业投机原理（典藏版）	99
37	60980	价值投资的秘密：小投资者战胜基金经理的长线方法	49
38	60649	投资思想史（典藏版）	99
39	60644	金融交易圣经：发现你的赚钱天才	69
40	60546	证券混沌操作法：股票、期货及外汇交易的低风险获利指南（典藏版）	59
41	60457	外汇交易的10堂必修课（典藏版）	49
42	60415	击败庄家：21点的有利策略	59
43	60383	超级强势股：如何投资小盘价值成长股（典藏版）	59
44	60332	金融怪杰：华尔街的顶级交易员（典藏版）	80
45	60298	彼得·林奇教你理财（典藏版）	59
46	60234	日本蜡烛图技术新解（典藏版）	60
47	60233	股市长线法宝（典藏版）	80
48	60232	股票投资的24堂必修课（典藏版）	45
49	60213	蜡烛图精解:股票和期货交易的永恒技术（典藏版）	88
50	60070	在股市大崩溃前抛出的人：巴鲁克自传（典藏版）	69
51	60024	约翰·聂夫的成功投资（典藏版）	69
52	59948	投资者的未来（典藏版）	80
53	59832	沃伦·巴菲特如是说	59
54	59766	笑傲股市（原书第4版.典藏版）	99

推荐阅读

序号	中文书号	中文书名	定价
55	59686	金钱传奇：科斯托拉尼的投资哲学	59
56	59592	证券投资课	59
57	59210	巴菲特致股东的信：投资者和公司高管教程（原书第4版）	99
58	59073	彼得·林奇的成功投资（典藏版）	80
59	59022	战胜华尔街（典藏版）	80
60	58971	市场真相：看不见的手与脱缰的马	69
61	58822	积极型资产配置指南：经济周期分析与六阶段投资时钟	69
62	58428	麦克米伦谈期权（原书第2版）	120
63	58427	漫步华尔街（原书第11版）	56
64	58249	股市趋势技术分析（原书第10版）	168
65	57882	赌神数学家：战胜拉斯维加斯和金融市场的财富公式	59
66	57801	华尔街之舞：图解金融市场的周期与趋势	69
67	57535	哈利·布朗的永久投资组合：无惧市场波动的不败投资法	69
68	57133	憨夺型投资者	39
69	57116	高胜算操盘：成功交易员完全教程	69
70	56972	以交易为生（原书第2版）	36
71	56618	证券投资心理学	49
72	55876	技术分析与股市盈利预测：技术分析科学之父沙巴克经典教程	80
73	55569	机械式交易系统：原理、构建与实战	80
74	54670	交易择时技术分析：RSI、波浪理论、斐波纳契预测及复合指标的综合运用（原书第2版）	59
75	54668	交易圣经	89
76	54560	证券投机的艺术	59
77	54332	择时与选股	45
78	52601	技术分析（原书第5版）	100
79	52433	缺口技术分析：让缺口变为股票的盈利	59
80	49893	现代证券分析	80
81	49646	查理·芒格的智慧：投资的格栅理论（原书第2版）	49
82	49259	实证技术分析	75
83	48856	期权投资策略（原书第5版）	169
84	48513	简易期权（原书第3版）	59
85	47906	赢得输家的游戏：精英投资者如何击败市场（原书第6版）	45
86	44995	走进我的交易室	55
87	44711	黄金屋：宏观对冲基金顶尖交易者的掘金之道(增订版)	59
88	44062	马丁·惠特曼的价值投资方法：回归基本面	49
89	44059	期权入门与精通：投机获利与风险管理（原书第2版）	49
90	43956	以交易为生II：卖出的艺术	55
91	42750	投资在第二个失去的十年	49
92	41474	逆向投资策略	59
93	33175	艾略特名著集（珍藏版）	32
94	32872	向格雷厄姆学思考，向巴菲特学投资	38
95	32473	向最伟大的股票作手学习	36
96	31377	解读华尔街（原书第5版）	48
97	31016	艾略特波浪理论:市场行为的关键（珍藏版）	38
98	30978	恐慌与机会：如何把握股市动荡中的风险和机遇	36
99	30633	超级金钱（珍藏版）	36
100	30630	华尔街50年（珍藏版）	38
101	30629	股市心理博弈（珍藏版）	58
102	30628	通向财务自由之路（珍藏版）	69
103	30604	投资新革命（珍藏版）	36
104	30250	江恩华尔街45年（修订版）	36
105	30248	如何从商品期货贸易中获利（修订版）	58
106	30244	股市晴雨表（珍藏版）	38
107	30243	投机与骗局（修订版）	36